# Liderança Feminina
## EM AÇÃO

# Liderança Feminina
## EM AÇÃO

A sensibilidade e a intuição no comando

Coordenação:
Andréia Roma & Mônica Fernandes

1ª edição

Editora **Leader**.

São Paulo, 2017

Copyright© 2017 by Editora Leader
Todos os direitos da primeira edição são reservados à **Editora Leader**

*Diretora de projetos:* Andréia Roma
*Diretor executivo:* Alessandro Roma
*Marketing editorial:* Gabriella Pires
*Gerente comercial:* Liliana Araujo
*Atendimento:* Rosângela Barbosa

*Projeto gráfico e diagramação:* Roberta Regato
*Ilustração da capa e miolo:* Reprodução da obra de Paulo Seccomandi
*Revisão:* Miriam Franco Novaes
*Impressão:* F8 Books Gráfica

Dados Internacionais de Catalogação na Publicação (CIP)
Bibliotecária responsável: Aline Graziele Benitez CRB8/9922

---

L945   Liderança feminina em ação: a sensibilidade e a intuição no comando / [coord.] Andréia Roma, Mônica Fernandes. – 1. ed. – São Paulo: Leader, 2017.

ISBN: 978-85-66248-98-2

1. Liderança. 2. Empreendedorismo. 3. Mulheres – empoderamento. I. Título.

CDD 303.34

---

Índice para catálogo sistemático:
1. Liderança: empreendedorismo: CDD 303.34

**EDITORA LEADER**
Rua Nuto Santana, 65, 2º andar, sala 3
02970-000, Jardim São José, São Paulo - SP
(11) 3991-6136 / contato@editoraleader.com.br

# Agradecimentos

"Liderança Feminina" é mais uma publicação da Editora Leader que me enche de orgulho e alegria, mas, como tudo na vida que é importante, não foi realizada sem a colaboração e empenho de outras pessoas.

Por isso, quero agradecer a cada uma das mulheres convidadas, cada qual com seus inestimáveis conhecimentos e valiosas experiências. Juntas formam uma obra completa que vai levar os leitores a ultrapassarem suas crenças limitantes e estarem no comando de suas vidas, construindo um pensamento positivo e alcançando o sucesso em seus negócios e carreira.

Agradeço por compartilharem seus conhecimentos, por construírem um conteúdo de qualidade e atual através de suas histórias e realidades.

Meu profundo agradecimento a nossa coordenadora, Mônica Fernandes, por sua visão abrangente e empreendedora, sem contar sua dedicação.

Agradeço ainda a todos que me apoiam nesta incrível jornada para cumprir a missão de levar sabedoria e entendimento a tantas pessoas: minha equipe, minha família e meus leitores, que são a razão maior de a Editora Leader existir.

# Índice

Introdução ............................................................................ 8

1. Benedita Pereira da Cruz
Superando os retalhos da vida .......................................... 11

2. Daiana Pereira Capuci
A luta e amor pela profissão em Design de Interiores ...... 21

3. Higya Alessandra Merlin
Quem sou eu para escrever alguma coisa? ..................... 31

4. Juliana de Oliveira Nasciutti
Como criar oportunidades de sucesso? ........................... 41

5. Késia Galvão
A mulher e o mito da gestão financeira ........................... 55

6. Leila Regenold
Recomeçar, sempre que for preciso! ................................ 65

7. Leni Fernandes
Há 28 anos vendendo felicidade , ..................................... 77

8. Maria Alice Schuch
A inteligência feminina ...................................................................89

9. Maria José Martins Maldonado
Quando a Medicina é o objetivo ..........................................99

10. Mariangela Gemignani Carneiro
Pelo caminho do amor ......................................................113

11. Marta Albuquerque
Hormônios ..............................................................................125

12. Mônica Fernandes
E quando meu aquário quebrou..................................137

13. Regina Lúcia Monteiro Matos
Liderança de batom ............................................................147

14. Renata Valéria Lopes
Renascer...................................................................................155

15. Sonia Caldart
Enxergando com o coração............................................165

# Introdução

A igualdade de gêneros ainda tem um caminho longo para se efetivar, e não só no nosso país como em todo o mundo. Os estudos sobre o tema envolvem diversas entidades em todo o mundo, como a Organização das Nações Unidas (ONU), que prevê que só se alcançará essa equidade em cerca de cem anos. Já no Brasil, o IBGE fez uma projeção interessante: até 2030 a população economicamente ativa feminina avançará em proporção 50% maior que a masculina.

Mas e quanto à liderança feminina? Aqui ainda estamos distantes da igualdade, pois entre as 500 maiores empresas brasileiras, apenas 11% têm mulheres no topo.

Então, aqui vai um dado interessante, e que serve de alerta para as corporações: um estudo da McKinsey - reconhecida como a líder mundial no mercado de consultoria estratégica empresarial - aponta que empresas das mais diversas áreas, com participação tanto de homens quanto de mulheres na gestão, obtém resultado financeiro 15% superior à média das concorrentes. Já levantamento da EY (Ernst & Young) indica que, ao aumentar em 30% o número de mulheres líderes, o lucro das organizações cresce em média 6%. A conclusão é que promover a igualdade de gênero nas organizações não é mais uma resolução da política interna mas, sim, uma estratégia de negócio.

Nós, da Editora Leader, valorizamos a igualdade de gênero e temos várias publicações em que mostramos a evolução da liderança feminina, que há décadas vem contribuindo para o desenvolvimento de nosso país e merece ser valorizada.

Este livro traz as histórias reais de várias mulheres que atingiram o sucesso em suas carreiras e são fonte de inspiração por superarem muitos desafios num cenário corporativo em que são minoria.

Aproveite o conteúdo dessas histórias envolventes de líderes que têm suas atitudes guiadas principalmente por características tão femininas como a intuição e a sensibilidade, e são extremamente determinadas quanto ao que desejam conquistar.

Boa leitura!

Andréia Roma,
Fundadora e diretora de projetos
da Editora Leader

# 1
Benedita Pereira da Cruz

# Superando os retalhos da vida

## Benedita Pereira da Cruz

Nasceu em Cuiabá-MT, é casada com Manoel Afonso, mãe de três filhos, Marcos Fábio, Ana Carolina e Ana Cláudia, avó de sete netos: Vitória, João Pedro, Vinicius Eduardo, Milena, Mateus, Antônio e Lívia, madrasta de três enteados: Paulo, Patrícia e Caroline e deles, mais duas netas: Lívia e Eduarda. Trabalhou por 31 anos como assistente de pesquisa na Embrapa – Empresa Brasileira de Pesquisa Agropecuária, onde se aposentou. Como líder comunitária, foi presidente da Associação dos Moradores do Jardim Imã. Atuou também como dirigente sindical em diversos cargos e em várias instâncias no Sinpaf (Sindicato Nacional dos Trabalhadores de Instituições de Pesquisa Agropecuária e Florestal), sindicato da sua categoria. Atualmente é artesã e proprietária do Ateliê da Benê, onde ministra cursos e palestras, executa projetos artesanais em *patchwork*.

(67) 3341-2888
(67) 99626-0017
benedita.pc@email.com

> *"Sou feita de retalhos. Pedacinhos coloridos de cada vida que passa pela minha e que vou costurando na alma. Nem sempre bonitos, nem sempre felizes, mas me acrescentam e me fazem ser quem eu sou..."*
> (Cora Coralina)

Em março de 1978, um grupo de jovens começava a trabalhar numa grande empresa de pesquisa agropecuária. Eu estava entre eles realizando o sonho do bom emprego. Minha estada nessa unidade foi pouco mais de dois anos, pois eu recebi uma proposta de transferência para o Interior. A cidade era pequena, antiga, com um clima muito quente, terra branca, com um rio exuberante, com fauna e flora encantadora, era o coração do Pantanal. Nesse lugar, conheci um jovem, militar, com quem me casei e tivemos três filhos. Vivemos ali por quatro anos, mas tive que retornar para a capital, por questões de saúde.

O meu regresso na unidade de origem foi muito diferente, pois agora eu tinha os filhos, não tinha creche e o horário de trabalho era difícil para quem era mãe. Trabalhávamos em área rural e ficávamos longe de casa e principalmente dos filhos o dia todo. Certo dia, fui vítima de assédio moral, por parte do chefe da unidade. Aquele constrangimento libertou uma leoa que estava presa na minha garganta e eu gritei a minha indignação com aquele ato, então, escrevi uma carta denunciando o tratamento que era dado às mulheres da minha unidade e encaminhei ao presidente da empresa, com cópia ao ministro e ao presidente da República. Poucos dias depois, aquele chefe foi destituído do cargo. Esse episódio mudou a minha vida!

Dois anos depois participei da criação de um sindicato da minha categoria, movimentos populares, conselhos de meio ambiente, associação de moradores e acabei em um partido político. No casamento também houve muitas mudanças, meu marido me achava rebelde, não aceitava minhas ações, não respeitava minhas conquistas e minhas escolhas. Dizia que eu tinha casa, filhos e ele para cuidar e toda vez que participava de qualquer coisa era uma guerra emocional e psicológica. Nossas diferenças ficavam cada vez maiores, até que um dia ele foi embora de casa. Sofri com o fim do meu casamento, como toda mulher, era o fracasso de um relacionamento que envolvia filhos, anos de dedicação. O fato de descobrir uma traição me feriu profundamente. Aos poucos fui entendendo que essa separação foi melhor para aquele momento das nossas vidas.

"Às vezes quando o coração, rasgado pela dor, vira retalho, não guarde mágoas nem ressentimentos. Junte os tecidos, corte com paciência, costure com resiliência, use a linha do recomeço e deixe sua alma te levar ao *patchwork*."(*)

Havia dois anos do meu divórcio quando comecei um relacionamento com um colega de trabalho. Além de trabalharmos juntos na mesma empresa, tínhamos diferenças, mas havia muito respeito e cumplicidade. Certa vez ele foi designado para ir concluir seu mestrado no Sul e eu o acompanhei. Deus reservou para nós um paraíso para que eu tivesse forças de remendar os retalhos da vida quando ele foi diagnosticado com um câncer de fígado. Apesar da doença, ele trabalhou intensamente e conseguiu concluir a tese com louvor. Aproveitamos aqueles momentos de alegria e nos casamos formalmente, numa linda cerimônia numa igreja na serra gaúcha. A doença ia avançando e percebi que o quadro dele havia piorado. Para nossa surpresa apareceu um doador, mas o médico informou que já era tarde, pois havia metástases por toda parte. Sabia que meu marido estava sofrendo, mas não queria a sua partida e eu não podia vencer a morte. Então, no dia fatídico, ele me chamou, conversou serenamente comigo, pediu que eu fosse forte, pois era assim que ele me via e queria partir com essa lembrança. Foram horas difíceis para todos, no final da tarde ele começou a respirar com dificuldade, ficou completamente alterado, então o médico me pediu para ajudar a passagem que estava começando. Assim fiz e meu marido segurava em minha mão e me olhava serenamente com seus lindos olhos azuis, dei um beijo em sua boca, o aparelho zerou o funcionamento e ele foi deixando aquele corpo e a minha vida. Um silêncio aconteceu no quarto e o levaram logo em seguida para o necrotério. Meus amigos vieram em comitiva para ajudarem com os preparativos do funeral. Ele foi sepultado, conforme seu desejo, em um pequeno cemitério da serra de Santa Catarina, nos campos em que ele correu, brincou e sonhou quando menino. Aguardei o sepultamento e regressei ao Rio Grande do Sul. Foi o mais longo e difícil retorno para minha casa. Não sei como sobrevivi nos dias em que começava meu luto. Estava um verdadeiro trapo de gente. No meu apartamento, passava horas me aquecendo próximo à lareira, olhando várias vezes nossas fotos, ao som da música *My Way*. Não sei quantas vezes ouvi e quanto chorei a cada nota ouvida, mas era só o que eu queria fazer para aliviar a minha alma e lembrar todos os momentos que passamos juntos. Estava viúva do segundo marido, meu amigo, parceiro, amoroso, carinhoso. Cada dia que passava mergulhava mais e mais em meu trabalho, nas minhas atividades sindicais, na confraria do vinho, na igreja, aula de dança. Apesar de tudo, tinha que voltar a viver!

Certo dia uma amiga me convidou para fazer um curso de *patchwork*. Nunca tinha ouvido falar nisso e quando ela me explicou duvidei da minha capacidade em desenvolver aquela atividade, por não ter tempo nem paciência para aprender a fazer artesanato, mas por delicadeza resolvi tentar. As aulas eram cheias de risadas, histórias e sonhos. Cortava os retalhos, combinava as cores e costurava cada pedacinho nos outros e cuidadosamente juntava cada quadradinho, passava os avessos, assim ia tendo um formato e eu ia preenchendo as minhas noites frias e vazias.

> "... Em cada encontro, em cada contato, vou ficando maior...
> Em cada retalho, uma vida, uma lição, um carinho, uma saudade... Que me tornam mais pessoa, mais humana, mais completa..."
> (Cora Coralina)

Durante muitos meses repeti essa atividade, até transformar cada retalho numa peça artesanal. Depois de algum tempo eu já conseguia voltar para casa sem passar noites chorando a ausência de meu esposo. A dor do luto havia passado e eu entendi que era o momento de tocar a vida na minha nova realidade. Afinal, eu tinha trabalho, filhos, amigos, família e precisava continuar a viver. Uma filha havia se mudado para Porto Alegre, para ficar mais perto de mim, outro casal de filhos, agora casado, estava morando no Centro Oeste, começando sua vida. Assim retomei minha vida até ter uma notícia preocupante que me pegou de surpresa: minha filha caçula estava doente e precisava de mim. Pedi uma transferência temporária e fui para perto dela até que a situação ficasse fora de perigo e eu finalmente pudesse voltar. O pai dela veio me procurar e pediu que o deixasse compartilhar com a família aquela situação. Aquele não era momento para mágoas, ressentimentos, tínhamos que juntar as forças para esperar um milagre. O destino havia preparado outras surpresas, minha filha ficou bem e tanto ela como minha nora engravidaram e eu queria viver o momento da chegada de meus netos. Dessa forma, resolvi ficar para essa nova etapa da vida. Acabei me envolvendo com o ex-marido, mesmo contra a vontade dos filhos, porque achava que poderia resolver algumas coisas do passado. Dois anos se passaram, eu me aposentei, fui morar no interior com ele, a filha estava bem, os netos nasceram lindos e saudáveis. Tudo era muito diferente, pois ficamos nove anos separados, éramos dois estranhos. Dei tudo de mim para superar as diferenças, mas cada vez que tentava um abismo maior nos separava. Meus dias foram difíceis, para não pensar na burrada que havia feito pela segunda vez, então, me dedicava compulsivamente como sócia ao trabalho da empresa dele. Essa equivocada relação sem dúvida nenhuma teve o mesmo final da vez anterior, ou seja, a separação. Certo dia ele viajou, aproveitei e fui embora de volta para o Sul e levei comigo apenas um bebê que era o meu terceiro neto. Mais uma vez fui costurar os meus retalhos! Sempre voltava até a minha cidade, para trazer o bebê para ver os pais, e assim eu revia meus filhos e demais familiares.

> *"... E penso que é assim mesmo que a vida se faz: de pedaços de outras gentes que vão se tornando parte da gente também. E a melhor parte é que nunca estaremos prontos, finalizados... Haverá sempre um retalho novo para adicionar à alma..."* (Cora Coralina)

Entre uma viagem e outra, conheci uma pessoa muito interessante. Tivemos cinco dias de agradáveis momentos e eu segui viagem para visitar minha filha e qual não foi a minha surpresa, porque 15 dias após tê-lo conhecido me pedia para ter com ele um relacionamento sério. Resolvi arriscar e logo embarcava num avião para encontrar o novo pretendente. O que me esperava com essa nova experiência, o terceiro casamento? A movimentação de chegada sinalizava que a nova experiência já estava começando. Casamo-nos e me tornei dona de casa. Pela primeira vez eu estava inteiramente despida de qualquer atividade que tirasse o meu tempo e a minha atenção fora de casa e me tornado administradora do lar. Conviver mais tempo com os novos membros da família, a criança, problemas dos filhos e enteados adultos, a lida doméstica confundiam minha cabeça. Durante 32 anos vivi em função da vida profissional. Às vezes viajando para reuniões, seminários, congressos. Tinha ainda o papel de mãe, mulher, esposa. Era impossível ter o perfil de dona de casa! Por outro lado, tinha também as transformações do meu corpo! Acabava de entrar na menopausa e em um novo casamento. Eu tinha mais esse desafio!

Os dias iam passando e eu não sabia mais como ocupar o tempo. Saí de casa e fui numa loja de aviamentos, comprei vários tecidos, linhas, agulhas e me coloquei a costurar. Depois de terminadas algumas peças, organizei um *workshop*, depois aproveitei uma festa na igreja para mostrar aquele artesanato. Vendi todas as peças e criei a primeira turma para o curso de *patchwork*. Recebia alunas diversas, umas curiosas, outras deprimidas, outras aposentadas e tinha aquelas que acabavam de perder o marido, como viúvas ou separadas. Todas tinham em comum a busca por um motivo para continuarem seus caminhos. Eu sabia bem como era isso. Fiquei entusiasmada e meu marido me incentivou a investir naquela arte. Enquanto eu viajava buscando novos conhecimentos, comprando matéria prima, ele adaptava nossa casa para abrigar meu ateliê. Meu esposo foi e continua sendo meu grande incentivo. Assim me tornei artesã; com o grande apoio de meu esposo, meus parceiros e principalmente de todas as pessoas que eu pude ajudar através desse trabalho a tocarem sua alma. Entre uma aula e outra, histórias novas, às vezes tristes e outras engraçadas. Cada dificuldade vai mostrando o momento que está sendo superado. Algumas precisam de muitas aulas, outras nem tanto! Tem aluna que quer ganhar dinheiro com essa arte, outras apenas tempo para se encontrarem. Toda vez que recebo uma aluna nova sei que muitas coisas de minha velha história elas vão levar consigo; mas que também vão deixar algo novo de suas vidas.

> *"... Portanto, obrigada a cada um de vocês, que fazem parte da minha vida e que me permitem engrandecer minha história com os retalhos deixados em mim. Que eu também possa deixar pedacinhos de mim pelos caminhos e que eles possam ser parte das suas histórias. E que assim, de retalho em retalho, possamos nos tornar, um dia, um imenso bordado de "nós".*
> *(Cora Coralina)*

Assim continuo costurando na linha do tempo, ora aprendendo, ora ensinando, até o dia em que as cortinas da vida se fecharem para mim. Se na chegada do céu me perguntarem o que aprendi, terei como resumo: "Aprendi na infância a amar meus pais e irmãos, na adolescência a sonhar, na vida adulta a trabalhar, com os filhos a amar e ter medo, na maturidade a ser dona de casa, com os netos a ser mãe, com as alunas a ser mestre, com o primeiro marido a ser valente, com o segundo a ser forte, com o terceiro a ser plena, com as dificuldades a ser guerreira, com os amigos a ser parceira, com o tempo a paciência, com a dor a fé, com a vida a esperança e em todas essas oportunidades... a ver Deus.

Liderança Feminina

# 2 Daiana Pereira Capuci

# A luta e amor pela profissão em Design de Interiores

## Daiana Pereira Capuci

Graduada pela Universidade Uniderp – Campo Grande, Mato Grosso do Sul em 2012. Participou da Mostra Morar Mais por Menos, e foi premiada internacionalmente em Milão, Itália, em 2014, e em Miami, USA, em 2016. Foi uma das participantes da Casa Cor- MS 2016 e premiada como melhor execução e projeto. Está à frente da Associação Brasileira de Designers de Interiores do Mato Grosso do Sul como diretora regional. Participou ativamente na regulamentação da Lei nº 13.369 – que regulamenta a profissão em Designer de Interiores em todo o território nacional. Está à frente do escritório Studio It Decor – Design de Interiores, desde abril de 2013, em que tem como principais atividades sua atuação como responsável pela administração e gerenciamento do escritório, pela criação de projetos e execução de obras dentro dos parâmetros dos projetos de interiores. sendo o escritório um espaço multidisciplinar.

(67) 3329-2736 / (67) 98117-8780
daiana@itdecor.com.br

Nasci em Lins, cidade do interior de São Paulo. Eu e minha família nos mudamos para várias cidades porque meu pai era gerente de banco. Mas, quando meus pais se separaram fui morar com meus avós. Eu tinha apenas dez anos de idade.

Não me lembro de ganhar muitos brinquedos, porém, tinha uma boneca de que gostava muito. Entre as poucas recordações que tenho de minha infância, uma me marcou: adorava recortar mesas, cadeiras e adornos de decoração das revistas da minha vó e brincava de montar a casinha, a sala, o quarto com aqueles recortes.

Foi um período muito difícil, pela separação dos meus pais, mas meus avós sempre foram maravilhosos. No entanto, apesar do carinho deles, a separação me causou muitas dores que infelizmente ainda carrego no meu coração.

O começo de minha vida escolar foi normal, com algumas dificuldades como toda criança. Reprovei a 5ª série, o que aconteceu bem na época em que papai e mamãe se separaram.

Aos 18 anos fiz o vestibular e passei na faculdade no curso de Ciências da Computação, de que eu não gostava, mas era a opção que tinha na minha cidade para fazer e que meu avô conseguia pagar. Então, fazia o curso por fazer, até me esforçava, mas não era o que queria.

Aos 20 anos conheci meu marido, e após seis meses de namoro estava grávida.

Foi um susto muito grande, e logo fomos morar juntos, sem nos casarmos. Eu não conhecia a família dele nem ele conhecia a minha direito. Foi tudo muito rápido.

Meus avós sofreram muito quando saí da casa deles para ir morar com meu marido, e logo em seguida, cerca de um ano depois, meu avô foi diagnosticado com câncer. Esta situação me fez sofrer muito, porque sempre tive muita afinidade e um amor profundo pelos meus avós.

Quando fui morar com meu marido, não consegui continuar com o curso de Ciências da Computação e mudei para Nutrição. Tive meu primeiro filho, um menino lindo, e logo em seguida engravidei da minha filha, e cursei dois anos de Nutrição. Porém, interrompi o curso porque eles eram pequenos. Quando eles cresceram um pouco, estavam com quatro e cinco anos, abri uma loja de bijuterias, mas o que mais me motivou foi decorar a loja e não empreender. Fiquei trabalhando lá uns dois anos e a vendi, não tinha motivação para tocar o negócio.

Passou-se um ano e eu sempre em busca de algo, então abri uma loja de roupas infantis, fiquei com ela uns três anos e vendi também, não estava indo bem e não gostava do que fazia, ainda não era isso que queria para a minha vida.

Nesse meio-tempo frequentemente ajudava as amigas e familiares com a decoração de suas casas e sempre estava decorando a minha, pintava uma parede, inventava um quadro, um enfeite, entre outras coisas.

Em 2010 entrei para a faculdade de Design de Interiores, ainda muito conhecida como de "Decoração". Muitas pessoas da família diziam que era a profissão para a qual eu tinha jeito e perfil, mas meu marido, cansado de tantas coisas que eu já tinha começado e não terminado, não era muito a favor. Mas eu fiz assim mesmo, e estava amando o curso cada dia mais.

No final de 2011 me formei em Design de Interiores. Comecei a trabalhar bem timidamente, nem cobrava por alguns trabalhos, às vezes pensava que não iria dar certo novamente, ainda mais porque minha profissão não era regulamentada e muitos diziam ser coisa de dondoca. Porém eu segui firme com o meu propósito, com aquilo para o qual meu coração falava mais alto.

Assim, em 2014 nascia em Campo Grande/MS o Studio It Décor, fruto da minha paixão pelo Design de Interiores. Apesar do crescimento do escritório, não tenho sócios e atualmente atendo diversos clientes do Mato Grosso do Sul e de outros Estados.

Criado para ser um espaço multidisciplinar, o Studio It Decor desenvolve e explora ideias criativas, com o objetivo de criar experiências memoráveis para ambientes comerciais e residenciais. Esse amor pelo que faço me move a desenhar projetos que excedem todas as expectativas dos clientes, é fator de estímulo e os projetos levam um toque de sofisticação e originalidade. Com olhar apurado nas tendências do segmento, o Studio It Decor caminha pelo que há de mais novo e instigante na Arquitetura e no Design de Interiores, aliando as necessidades do cliente ao espírito de nossa época.

Mas o It Decor não está apenas sintonizado com a rapidez com que os modismos e gostos vão e vem, mas também com o clássico que nunca sai de moda e suas releituras, na intenção de compor ambientes que agreguem conforto. Procuro desenvolver uma linguagem atemporal, que promova qualidade de vida e bem-estar ao cliente, além de proporcionar uma experiência estética capaz de abrir novos horizontes.

Esses conceitos estão intimamente relacionados com a concepção dos espaços e a dimensão humana. Na minha visão, as reais necessidades individuais, hábitos específicos, aspectos culturais das pessoas não devem ser deixados de lado para dar lugar a uma "fórmula pronta de ambiente". Muitas vezes um ambiente personalizado é interpretado apenas em um patamar meramente estético, não correspondendo satisfatoriamente ao perfil do cliente. Contra esse modelo, o projeto empresarial do meu escritório soma a capacidade projetiva da Arquitetura em criar estruturas versáteis com a humanização do espaço no Design. O resultado é maior eficiência na execução dos projetos e um olhar mais acolhedor sobre os desejos dos clientes.

Sempre destaco que minha missão, e por consequência a do meu escritório, vai além do projeto, busca compreender o cliente e traduzir no espaço aquilo que ele é, pensa e almeja. Gosto de dizer que o Studio é um ateliê de criação que dá vida aos sonhos. Eu e minha equipe acreditamos que um ambiente só completa o cliente quando este consegue reconhecer seus sentimentos e personalidade no espaço.

## Uma liderança natural

Sou atualmente diretora da Associação Brasileira de Designers de Interiores de Mato Grosso do Sul (ABD-MS) e a minha liderança na atividade surgiu bem naturalmente, porque as coisas foram acontecendo e eu sempre ali pensando e querendo fazer algo pela profissão, pela nossa classe que era tão desdenhada por ser considerada uma profissão para a classe A e cheia de "frescuras". Mas a profissão de Design de Interiores vai além da estética, envolve técnica, tecnologia, semiologia humana, hoje ela é fundamental para o indivíduo. Com seu desenvolvimento, ela traz qualidade de vida ao usuário, e queria mostrar isso à sociedade. Minha família observava que eu estava me movimentando em prol da carreira, mas acho que não acreditava que poderia se tornar algo tão importante.

Apesar de a parte masculina exercer forte influência no mercado de trabalho, não me importo com o que os homens pensam, até porque minha saga para provar que a profissão em Design de Interiores é importante sempre precisa enfrentar um questionamento aqui e outro ali, principalmente de arquitetos.

Eu já estava na luta pelo nosso fortalecimento como designers de interiores e procurava grupos afins que falassem a mesma língua quando se iniciaram as perseguições do conselho dos arquitetos. Então comecei a buscar ajuda e tentar encontrar um apoio, uma solução para nossa classe, e conheci algumas pessoas da Associação Brasileira dos Designers de Interiores (ABD). Foi quando percebi que eles estavam lutando pela mesma causa que eu.

Eu não me conformava com o fato de que uma profissão tão linda e que já existia desde 1959, ou seja, há quase seis décadas, não fosse regulamentada.

Então abracei essa luta junto com várias diretoras de outras regionais da ABD, e com muita persistência da minha parte perante os parlamentares do meu Estado consegui uma reunião com o presidente do Congresso Nacional para levar a ele nossa reivindicação. Depois de mais esforço e muita luta saímos vitoriosas e finalmente a profissão foi regulamentada em dezembro de 2016.

Sinto-me realizada, e agora continuo a luta pelo fortalecimento da profissão e por sua importância. Sinto orgulho desse feito e já posso dizer aos meus netos que participei diretamente da regulamentação de uma profissão.

Quanto aos desafios que uma mulher enfrenta quando assume uma liderança é levar em conta que toda decisão ou ação deve ser muito bem pensada e exige reflexão em todos os aspectos, porque se está lidando com um interesse coletivo.

Diariamente tenho sempre um desafio inédito, ou seja, nunca sei o que terei de enfrentar naquele dia, mas a minha vontade de estar à frente e lutando por uma classe me move e me entusiasma todos os dias, então encaro cada desafio como um novo aprendizado.

Eu escolhi lutar pela minha profissão porque não achava justo ela não ser regulamentada com tantos anos de existência, como já ressaltei, e, claro, receios sempre tenho, e até abri mão de algumas coisas, mas que não fazem falta pra mim, quando estou lidando com assuntos relevantes da minha profissão.

Com certeza, tanto as conquistas financeiras quanto as pessoais são importantes, é por tudo isso que nos empenhamos, mas a realização pessoal não tem preço. Por isso trabalho simultaneamente tanto os papéis de profissional como de mãe, esposa, filha, sempre com muito equilíbrio, nem mais nem menos para todas as partes. Hoje meus filhos estão com 20 e 21 anos, e um dos meus principais objetivos é encaminhá-los da melhor forma para a vida, para que formem suas famílias, tenham sua profissão e sejam felizes.

Também não descuido do meu bem-estar pessoal, frequentando uma academia, fazendo caminhadas, viajando e tendo um *hobby* que me dá muito prazer que é cozinhar para minha família e amigos.

Quando me perguntam se tenho ídolos ou pessoas que me inspiraram em minha trajetória, digo que admiro o modo de trabalhar e liderar de algumas pessoas, mas não me inspirei em ninguém. Sou independente, persistente e busco aquilo que acho melhor para mim, sempre desenvolvo tudo do meu próprio jeito, de acordo com as minhas ideias.

## A importância do profissional em Designer de Interiores

Os tempos mudaram, hoje, diante da comunicação ágil, das complexidades do mundo moderno, o grau de exigência aumentou em todos os setores.

O Design é o grande elemento que estabelece uma conexão entre o objeto, o uso e o homem. Então o Design de Interiores vai além do morar, além da estética, além da função, trabalhamos técnicas, tecnologias, semiologia, segurança, ergonomia e compreensão humana, enfim, ele traz qualidade de vida ao usuário.

Quando se pensar em ocupar um espaço, seja ele qual for, residencial, comercial ou corporativo, deve-se realmente contratar um Designer de Interiores. É o único profissional com conhecimento para preencher todos os requisitos necessários para atender o homem dentro do seu *habitat* explorando inclusive o domínio da linguagem subliminar!

A atuação do profissional de arquitetura é diferente da atuação do Designer de Interiores, somos, portanto, complementares.

Nós, Designers de Interiores, trabalhamos em parceria com engenheiros civis, por exemplo, quando precisamos derrubar uma parede para melhorar o *layout* do espaço, da mesma forma quando se faz necessária alteração no projeto elétrico (engenheiro elétrico).

## Um legado para os jovens

Para o futuro, meus principais sonhos são aumentar e fortalecer meu escritório no mercado de trabalho, ser uma profissional com excelência e deixar um legado pra essa turma nova de profissionais que estão se formando, para que acreditem na sua profissão e tenham orgulho dela. Até porque tenho lutado pelo fortalecimento da profissão já há alguns anos.

Hoje com a crise econômica que o País atravessa é muito difícil as pessoas persistirem em seus sonhos, porque isso demanda tempo, não é fácil, eu sei, mas sempre incentivo os jovens a insistirem em buscar aquilo que desejam realizar, nunca desistirem e lutar e lutar, porque assim a vitória chega.

Uma obra como esta, com as experiências de diversos profissionais bem-sucedidos, obviamente à custa de muita persistência e esforço, contribui para que os leitores confiem em seu potencial, façam o que o coração pede e lutem por aquilo que acreditam.

# 3 | Higya Alessandra Merlin

# Quem sou eu para escrever alguma coisa?

## Higya Alessandra Merlin

Especialista em Gestão de Pessoas e Administração Pública. Graduada em Odontologia e Administração. Coach pela Sociedade Latino-Americana de Coach. Certificada em Gerenciamento do Stress no Ambiente de Trabalho pela Associação Brasileira de Qualidade de Vida. Gerente de projetos estratégicos, com atuação em gestão de pessoas por competências, desenvolvimento de pessoas, saúde ocupacional e qualidade de vida no trabalho, preparação para a aposentadoria, motivação e liderança organizacional, com mais de 19 anos de experiência profissional. Palestrante. Escritora.

(67) 99953-8648
amerlin.merlin@gmail.com.br
contato@merlingep.com.br
www.merlingep.com.br

> *"Sou o intervalo entre o que sou e o que não sou, entre o que sonho e o que a vida fez de mim."*
> *(Fernando Pessoa)*

Sou um ser humano igual a você, com erros e acertos, vitórias e derrotas, sonhos e desilusões, paranoias e lucidez. Costumo dizer que nasci velha e estou cada dia mais jovem, uma alusão ao filme "O curioso caso de Benjamin Button".

Nasci em um ambiente familiar desfavorável, enfrentei dificuldades, assumi responsabilidades muito cedo. O meu grau de autocobrança sempre foi elevado.

Fruto do meio, sentia-me responsável por coisas que não eram minhas. Não importa! Usar o passado como justificativa para o que quer que seja é paralisar a própria evolução.

Não tive uma infância "padrão", a adolescência e a juventude também foram encapsuladas. Fiz escolhas hipoteticamente erradas, mas que me conduziram ao que sou hoje. Por tudo, aprendi que não existe o errado, e que nunca é tarde para recomeçar.

Sempre muito estudiosa, a inquietude produtiva da alma me acompanha, o que só reforça meus traços de pessoa observadora e de leitora voraz. Isso importa! Eu sou a única responsável por mim!

Concluí minha primeira graduação aos 21 anos, em Odontologia. Nunca soube ao certo o porquê da escolha. Ou melhor, tenho uma leve noção:

o ambiente confuso em que vivia e algumas influências dele. Não importa! Tudo vale a pena. A graduação na área de saúde e minha visão sempre sistêmica e preventiva me conferem legitimidade para falar sobre muitos assuntos. Não existe perda!

Porém, há bastante tempo, minha paixão é a área de gestão. Sou fascinada por administração, pelo trato com as pessoas, pelos temas complexos e desafiadores, projetos e inovações. Acredito que para tudo há uma alternativa possível. Não existe o impossível, existem as formas de lidar com o que a nossa mente consciente acredita ser impossível.

Comecei minha jornada como gestora na área da saúde. Alguns anos após, fui convidada a gerenciar um projeto de Qualidade de Vida.

Fui estudando, desbravando e compreendendo o que é ser gestor, como lidar com as decisões, o que é um projeto, um plano estratégico, quais são as melhores técnicas de gestão...

Busquei entender melhor sobre gerenciamento de saúde, sobre a verdadeira prevenção das doenças, sobre o que é qualidade de vida e o que se espera, de fato, da saúde dentro das organizações.

E descobri que tudo isso já estava no meu DNA, eu apenas estava estudando cientificamente e aprimorando muito o que a minha alma sempre soube que era o meu encanto.

Estudei, fiz muitos cursos, participei de congressos, fiz pós-graduação em administração pública e em gestão de pessoas, certificação em *coach* e em gerenciamento do estresse no ambiente de trabalho.

Paralelamente, fui observando e tentando compreender o comportamento das pessoas. Minha sala de gestora sempre foi um "confessionário". A confiança em mim depositada por iletrados ou por renomados profissionais e autoridades sempre me encheu de orgulho e serviu de *feedback* ao meu profissionalismo.

Em meio a tudo isso, também tinha a minha vida, os meus problemas ou os problemas de entes queridos. Continuei estudando, pesquisando, observando que está tudo interligado. Não existe conhecimento absoluto, não existe conhecimento perdido, posso e devo aprender sempre mais.

Em um certo momento, resolvi fazer outra graduação: Administração. E foi uma das melhores coisas que fiz por mim! Mais do que as disciplinas teóricas, a experiência da convivência com a juventude, as piadas estudantis, o sufoco na hora das provas... Tudo isso me fez renovar as esperanças e rejuvenescer.

Quem disse que as coisas têm um padrão, um cronograma, uma receita universal? Se alguém lhe disse isso ou se a sociedade lhe cobra isso, saia logo dessa furada. Nunca é tarde para viver e realizar seus sonhos!

Porém, a essência da liderança é bem maior, e não está limitada a um cargo, a uma posição social ou intelectual. Ela pode ser exercida em várias situações, inclusive individuais, em muitos lugares, em diferentes contextos.

O líder é o exemplo, a condução, o timoneiro. E nisso reside um fator crucial: essa condução pode ser direcionada para o bem ou para o mal.

Dependendo de suas atitudes, de sua maneira de decidir, dos comentários que faz, o líder pode elevar sua equipe ou depreciá-la. Em gestão organizacional, defendo que o líder tem papel primordial na produtividade e no alcance dos objetivos estratégicos da empresa. Por isso, proporcionar o desenvolvimento das lideranças é tão importante para o sucesso das organizações.

Um líder que tem o foco na solução e não nos problemas conduz a sua equipe a atitudes proativas e melhor enfrentamento das adversidades. Ressalte-se que a sua equipe pode ser sua família, seus amigos, um grupo temporário, uma comunidade, seus colegas de trabalho, enfim, o cenário é dinâmico e não existem fronteiras para a liderança.

Deveríamos ter mais líderes e menos chefes, mais líderes e menos rótulos. Deveríamos ser mais líderes de nós mesmos, assumindo o controle da nossa vida, não terceirizando a nossa responsabilidade.

O líder é aquele que inspira, que desperta a vontade de fazer, de inovar, sem necessidade de imposições. O líder congrega, provoca admiração, promove crescimento.

O líder tem o foco na equipe e não em si próprio, faz com que as pessoas sintam-se importantes e pertencentes ao local, à organização, à comunidade, à família, ao projeto em que se encontram. Não à toa, seu discurso se dá na primeira pessoa do plural, de forma a incluir o todo no sucesso alcançado.

Na verdade, estudar é muito importante. Certificados e diplomas têm peso, ter conhecimento é um diferencial considerável. Porém, é preciso ter atitudes, levar a teoria para a prática, empenhar-se, buscar o desenvolvimento constante, observar, participar de grupos, conhecer e respeitar as diversas realidades e os inúmeros comportamentos.

E é fundamental ser humilde, pois um ser humilde é um ser ensinável. O verdadeiro líder é sábio e, por isso, sabe que não é dono da verdade e que sempre há algo a aprender. E esse aprender vem, muitas vezes, de pessoas muito simples e de situações inusitadas. O sábio alimenta-se do respeito amplo à diversidade.

O verdadeiro líder não procura agradar a todos, mas preza pela justiça, pela ética e pela meritocracia. Sabe assumir responsabilidades, posicionar-se e ser assertivo com seus liderados, sem perder a educação e o respeito.

Entendo que, se não apresentar essas características citadas, não estamos falando de um líder, mas sim de um mero ocupante de um cargo ou de uma posição social rotulada, alguém fascinado pelo poder vazio, deslumbrado com uma posição superior, porém com um poder que não serve para nada, pois não é utilizado para o serviço do bem comum.

A liderança feminina, por sua vez, vem carregada de um brilho peculiar, pois a mulher traz em si o dom especial do cuidado e do famoso sexto sentido. A liderança feminina agrega a técnica e a doçura, ainda que nos momentos em que maior rigidez se faz necessária.

É assim que procuro ser como gestora, escritora, palestrante, filha, irmã, amiga, comigo mesma, enfim, em todas as inter-relações da vida.

E tudo isso eu fui construindo. A despeito das possíveis características natas, eu me esmerei para construir o meu perfil de liderança. Obviamente, não fui sempre como sou hoje, já errei bastante, caí, levantei. E sei que isso é uma constante da vida. Nunca saberemos o suficiente, o aprendizado é eterno.

Agradeço a todos e por tudo. Graças a tudo o que me aconteceu e a todos que passaram pelo meu caminho, sei o que sei e sou o que sou: apenas eu!

Eu acredito que as pessoas podem ser desenvolvidas e se autodesenvolverem. Basta querer, pois cada um é o autor da sua história.

Acredito que nunca é tarde para recomeçar, mudar de rumo, iniciar algum projeto, estudar, aprender, ensinar, amar, descobrir novos amores, encantar.

Mas é preciso ter coragem! Coragem para não se contaminar por quem não acredita, por quem vive no conformismo e no comodismo. Coragem para enfrentar os desafios e dizer "não" ao que não traz felicidade. Coragem para bancar as consequências das próprias escolhas. Coragem para fazer o que for necessário, e não apenas o que for prazeroso.

Já me perdi em ilusões, fiz escolhas erradas, fui injustiçada, até humilhada... Nem sei quantas vezes o mundo bateu a porta na minha face, quantas vezes fui julgada sem que me conhecessem, sem qualquer chance de defesa.

A trajetória não foi fácil e sei que muitos desafios estão por vir. Mas isso é fantástico, é o que dá brilho à vida e nos tira do sedentarismo físico e mental.

Gosto de usar um conteúdo que aprendi quando obtive a certificação em gerenciamento do estresse no ambiente de trabalho, que aborda as revelações da maturidade.

Compreenda isso e viva mais feliz:

❈ Recompensas e reconhecimento nem sempre existirão! Faça o que tem que ser feito com amor, por paixão, por você mesmo. Não faça nada esperando que alguém vá reconhecer. Não faça nada somente para receber algo em troca.

❈ A razão é uma questão de ponto de vista! Cada um tem seus motivos, sua vivência, seus conceitos. Nada é totalmente absoluto; um mesmo fato pode ser analisado sob vários ângulos. Portanto, não existe um único dono da razão. Saber reconhecer isso é abrir portas para um crescimento constante e magnífico.

⌘ Nem sempre as pessoas vão tentar fazer o máximo e o melhor que podem! Faça a sua parte com excelência, mas saiba que nem todos assim o farão. Contudo, que isso nunca seja fator desmotivador para que você continue fazendo muito bem o que tem que ser feito.

⌘ Não existe um modo de atingir as metas que seja o único adequado! Cada um tem o seu jeito. Existem vários caminhos que levam a um mesmo resultado. A escolha depende muito da experiência, do conhecimento, da individualidade de cada um. Saiba reconhecer isso, ajude as pessoas no que for possível, mas saiba que elas também podem ensinar alternativas surpreendentes. Se podemos ter uma visão ampla, para que tentar limitá-la, achando que somente nosso modo de fazer as coisas é o correto? Amplie horizontes, quebre paradigmas e seja mais feliz!

E vamos evoluindo, sempre. Só não quero reter o conhecimento para mim. Quem trabalha ou já trabalhou comigo sabe o quanto gosto de compartilhar. Não tenho medo de passar o que sei. Aliás, acho que é o meu dever. E só não faz isso quem não tem segurança em si e no conhecimento que detém.

Se puder contribuir ao menos com uma palavra que instigue a reflexão e promova a saída do estado de inércia de alguém, por que não fazer?

Essa sou eu: um ser humano igual a você!

Liderança Feminina

# 4 | Juliana de Oliveira Nasciutti

# Como criar oportunidades de sucesso?

## Juliana de Oliveira Nasciutti

Executiva em supply chain. Graduada em Engenharia de Produção Mecânica pelo Instituto Mauá de Tecnologia, MBA em Gestão Empresarial pela Fundação Instituto Administração (FIA), certificada CPIM (Certified in Production and Inventory Management) pela APICS e pelo MITx MicroMasters em Supply Chain Fundamentals, pelo Massachusetts Institute of Technology. Coautora do livro "Empreendedoras de Alta Performance", da Editora Leader.

Durante sua vida acadêmica foi monitora do curso de Probabilidade e Estatística do Instituto Mauá de Tecnologia e participante voluntária da comissão organizadora da III, IV, V Semanas de Engenharia na mesma universidade. Atualmente atua como gerente de Supply Planning para a América Latina em uma gigante americana do setor de alimentos e bebidas e é membro do "Mulheres do Brasil", grupo fechado composto por mulheres de vários segmentos de todo o Brasil.

(11) 98106-9747 / dju_oli@yahoo.com.br

Liderança feminina. Por que falar a respeito? Está em voga? É o assunto do momento e não podemos ficar de fora? Estando ou não, o fato é que cada vez mais o tema se aproxima de nós e isso é muito bom! Afinal somos 51,5% da população brasileira e representamos somente 11% dos cargos de CEO e 37% dos cargos de direção. Além disso, ganhamos, em média, 76% do salário dos homens exercendo a mesma função. Ser mulher e engenheira, ou outra área que foge do Marketing e Recursos Humanos, reduz ainda mais a participação nessa estatística! E aí é onde eu estou! Estudei Engenharia de Produção Mecânica e desde a época da faculdade já vivenciava ambientes mais predominados pelos homens, porém, não sentia ou percebia desigualdade entre os gêneros. No meio acadêmico todos nós éramos alunos. À medida que comecei a trabalhar direcionei minha carreira para a área de *supply chain*, que em geral faz parte da estrutura de Operações. Passei por algumas empresas, sempre em *supply*, e aos poucos fui percebendo que os níveis de liderança, principalmente de sênior para cima, eram mais ocupados por homens. Trabalho em empresas há 11 anos e cerca de um ano e meio atrás comecei a entender porque esse padrão ocorre e como todos nós, mulheres e homens, podemos mudá-lo.

Portanto quero te fazer um convite! Vamos falar das oportunidades quanto à liderança feminina e sua relação com a equidade entre os gêneros? Aqui quero compartilhar um pouco da minha experiência, minhas observações e dúvidas também! Não sou antropóloga, psicóloga ou socióloga. Sou engenheira, profissional e mulher! Assim como muitas de nós venho aprendendo o que é ser uma líder mulher, a importância do impacto do meu comportamento naqueles e naquelas que trabalham comigo e na sociedade da qual faço parte. Atualmente exerço uma função regional na companhia em que trabalho e tenho contato com homens e mulheres de quase todos os países da América Latina e muitos dos Estados Unidos. Que felicidade (e responsabilidade!) poder compartilhar pensamentos e modo de agir com essas pessoas de culturas tão diversas! Acredito que quanto mais falarmos sobre o tema, seja através de livros, filmes, novelas, reportagens, dentro de casa ou no trabalho, mais próximo da equidade estaremos. É mudança de cultura! As oportunidades que comentei no início deste parágrafo são basicamente comportamentais. E elegi seis comportamentos que vejo que desafiam a mulher a exercer sua liderança.

### 1º- Estar 100% preparada x aceitar riscos

Pergunta: você já teve aquela sensação de que não estava "pronta" para atuar em um novo cargo ou que não dominava todos os conhecimentos necessários para poder executar uma dada tarefa? O "estar 100% preparada" para muitas mulheres é pré-requisito para postular uma vaga, ou aceitar um novo desafio. O fato é que NINGUÉM vai estar 100% preparado para algo novo. Nesse quesito os homens são mais ousados. Eles não se preocupam tanto em dominar todas as entrelinhas, eles vêm o todo e focam na oportunidade, usando suas melhores habilidades para enfrentar o desconhecido sem se importarem se falta ainda desenvolver ou aprimorar uma habilidade necessária para essa atividade. Então a dica aqui seria a seguinte: se joga! Não tenha medo e vá em frente confiando naquilo que você tem de melhor! Caso contrário, ao não ousar, não desbravamos novos caminhos, seguimos na rota conservadora e não aceitamos riscos! Pode parecer um pouco radical essa afirmação, mas ela é bastante compreendida quando nos damos conta do quanto a cultura patriarcal está entranhada em nós. "A mulher branca da casa grande desempenhava importante papel no comando e supervisão das atividades que se desenvolviam no lar." (SAFFIOTI, 1979, p.70). Na sociedade patriarcal coube às mulheres cuidar. Cuidar dos afazeres domésticos e da educação dos filhos. Cuidar é proteger. Quem protege evita danos, ou seja, conserva. Assim voltamos ao conservadorismo de que falamos há pouco. Essa cultura de não tomar riscos (ou não com certa facilidade) é algo enraizado e somente com prática vamos conseguir ser mais corajosas. Quem leu o "Empreendedoras de Alta Performance", publicado pela Editora Leader e do qual fiz parte também como coautora, sabe que sou capricorniana, e nós do signo de Capricórnio somos cautelosos por natureza. A minha sorte é que meu ascendente é em Áries, que é guerreiro e aventureiro e me impulsiona a não só receber novos desafios, mas também a buscá-los. No livro conto algumas passagens da minha vida em que sempre tentei estar desempenhando algo diferente e que me desafiasse. Esse comportamento me ajudou e me ajuda a me desenvolver mais e melhor. Não perdi a oportunidade de aceitar uma nova função e fui morar sozinha em outro Estado aos 24 anos de idade, não perdi a oportunidade de melhorar meu Inglês e morei dois meses na Austrália, não perdi a oportunidade de um novo emprego que exige 40% do meu tempo em viagens e me enriqueço conhecendo diferentes culturas e aprendo a como trabalhar com cada uma delas. Aceitar riscos é destemer, mas também é necessária uma boa dose de segurança. Falemos sobre isso no parágrafo a seguir.

### 2º- Segurança e autoconfiança

"A maneira mais habitual de renunciar ao poder é pensar que não se tem nenhum poder." (Alice Walker). Esse comportamento talvez seja um dos mais desafiadores para mim. Desde a época de escola já sentia a síndrome da fraude. Sempre fui muito aplicada e me destacava entre os melhores alunos da classe. Quando alguém me elogiava eu dizia: "Imagina, é que eu estudei muito!" Em outras palavras, não é que eu era inteligente, mas sim esforçada e dedicada! Convivia com um sentimento quase contínuo que aquilo que eu aparentava para os outros não era verdade, era uma fraude! E sem perceber eu me "autoflagelava" cobrando de mim mesma ser REALMENTE inteligente, o que muito me consumia emocionalmente e me desgastava, porque no fim eu seguia acreditando que em algum momento a "máscara" pudesse cair. À medida que fui amadurecendo esse sentimento diminuiu, mas de maneira lenta. Lembro-me de uma vez em uma empresa em que trabalhei que ouvi de uma colega de trabalho (sim, uma mulher!) que eu era boa porque tive oportunidades, já que estudei em ótimas escolas e era "filhinha de papai". Bom, não vou dizer que parte desse julgamento é falso, pois eu tenho o privilégio de ter pais que sempre trabalharam muito para me dar a melhor educação. Agora, dizer que SÓ sou merecedora do meu sucesso por esse fator? Não concordo! Afinal, poderia ter muitas oportunidades, mas não usá-las para nada, concordam? Ao contrário, eu sempre tentei retribuí-los com bom desempenho. Vejam com esses dois exemplos que tanto eu quanto a colega atribuímos as realizações a fatores externos, como a minha dedicação extra aos estudos e o apoio dos meus pais. E esse (mau) hábito destrói a nossa segurança e consequentemente a autoconfiança. Já o homem quando tem sucesso o explica por suas próprias capacidades ou qualidades intrínsecas e não porque "alguém o ajudou" ou "teve sorte". Segundo uma reportagem da revista *Exame* sob o título "Como a insegurança faz mulheres sabotarem a própria carreira":

Além da questão comportamental, há explicações biológicas para isso. Falar que os hormônios influenciam as atitudes femininas não é só um clichê, mas um fato: cientistas descobriram que a atuação do estrogênio (principal hormônio feminino) no cérebro faz com que as mulheres tenham mais facilidade em criar laços e conexões e mais dificuldade para discordar e correr riscos — essas últimas atitudes são, muitas vezes, necessárias para aumentar a confiança. Outro fator é que as mulheres costumam ativar a amígdala cerebral (parte fundamental do sistema límbico, que controla as emoções) com mais facilidade do que os homens. O resultado? Muito tempo gasto remoendo os erros do passado e temendo o futuro. A natureza não está a favor, mas dá para mudá-la.

Poxa, então não tem nada o que fazer? Os hormônios nos dominam! Claro que não! Temos que lidar com eles e agir a nosso favor. Conforme o psicólogo Richard Petty, professor na Universidade de Ohio, nos Estados

Unidos, "confiança é a coisa que transforma pensamentos em ação", logo, vamos pensar menos e agir mais! A proposta não é se tornar arrogante (eu sei tudo!), mas sim acreditar nas suas ideias, na sua capacidade e, mesmo que não seja com 100% de confiança, fazer assim mesmo e seguir em frente. O máximo que pode acontecer é ter que ajustar alguns pontos no percurso, o que todos fazem. E no final não tenha receio de mostrar que deu certo, mostre sim! E esse é o nosso próximo desafio: saber expor o próprio sucesso.

### 3º- Marketing pessoal

Saber executar é importante, mas saber mostrar o bom resultado do trabalho feito pode ser ainda mais. Isso porque, principalmente no mundo corporativo, ninguém vai sair dizendo o brilhante projeto que você conduziu! No começo da minha carreira eu realmente achava que se fizesse um ótimo trabalho eu seria reconhecida e considerada para aquela promoção! Só que não. Mais do que ter um ótimo desempenho, devemos comunicá-lo já que o mantra das organizações de hoje é: quem faz a sua carreira é você! Ok, então devo tomar coragem e falar, certo? Infelizmente não é tão simples como poderia ser. Nós, mulheres, também temos que aprender a melhor forma de como comunicar. O estudo de caso Heidi/Howard[1] aplicado por algumas universidades americanas como Harvard e Columbia aponta que quando uma mulher é bem-sucedida ambos os sexos não gostam tanto dela. Esse fato é explicado pelo estereótipo empregado aos gêneros. As mulheres são agradáveis, meigas, preocupadas com os outros, protetoras e sensíveis. Já os homens são decididos, confiantes, assertivos, dominantes, vencedores e fortes. Logo, quando uma mulher foge ao seu estereótipo e "migra" para o do homem (o que não é o esperado) acaba sendo malvisto. A mulher se torna "muito agressiva", "política demais", "egoísta" ou "a que não sabe trabalhar em equipe". De fato as mulheres têm um desafio extra (poxa, se já não nos bastassem os hormônios!) de trabalhar mais para serem vistas como líderes bem-intencionadas e sim-

---
1. https://hbr.org/2013/03/three-reasons-men-should-read

páticas. Elas devem passar mais tempo criando relacionamentos, especialmente com outras colegas e subordinados. O que além de tudo deve ser feito com cuidado, para que não seja interpretado como desperdício de tempo com "conversinhas" no café. Cansativo? Diria estratégico! Diante da realidade cultural que nos cabe atualmente o ponto é entendê-la e encará-la. Por isso devemos compreender como influenciamos a forma que as outras pessoas nos veem, desenvolvendo: capacidade de comunicação, postura profissional, cuidados com a aparência, criatividade e humildade. Essas habilidades que acabo de citar são importantes para homens e mulheres, o que difere é que para as mulheres existe um cuidado adicional que é o balanço empregado, como, por exemplo, não falar muito e sim o suficiente, não ser agradável ou boazinha demais, mas também evitar ser muito dura ou séria, não ser modesta demais com seus feitos e tampouco a arrogância em pessoa. Ou seja, há que estar sempre atenta em como navegar para não beirar os extremos, e creio que o próximo tópico nos ajudará a entender como.

### 4º- Objetividade x subjetividade

Nosso cérebro tem dois hemisférios, o direito e o esquerdo. O lado direito é responsável pela interpretação "emocional" das situações. Seu uso está associado à criatividade e intuição, onde a imaginação e subjetividade predominam em uma tomada de decisão. Já o lado esquerdo é responsável pela interpretação "lógica" das situações. É a parte do cérebro que analisa os dados e que busca as razões que justificam os acontecimentos. Seria o lado estratégico, analítico e realístico. Resultados científicos comprovam que as mulheres têm mais ligações entre os dois hemisférios (esquerdo e direito) do cérebro em relação aos homens, e por isso transitam com mais facilidade entre os dois lados, o que lhes permite dosar e interpretar de maneira subjetiva e também objetiva diversas situações. No âmbito subjetivo a mulher percebe melhor as nuances de um conflito, o clima da organização e as entrelinhas de atitudes durante uma reunião, por exemplo. É o que chamamos popularmente de *"feeling"* ou intuição. Nesse sentido, há uma facilidade em se colocar no lugar do outro, ouvir com atenção e logo ser capaz de ver a mesma questão por outro ângulo. O homem, por ser muito mais objetivo e não transitar para o lado emotivo com facilidade, pode perder a chance de ampliar seu espectro e elaborar uma melhor análise da situação. Por outro lado, sua objetividade evita os melindres, o que pode nos atrapalhar quando navegamos nas profundezas do lado emocional. Lembremos que estamos todo o tempo lidando com pessoas, e cada ser é único, é dizer que em nos nossos relacionamentos TEMOS que perceber o outro. Uma vez recebi um *feedback* de uma gestora de que eu estava sendo muito dura com meus colegas de trabalho. Ela me disse "Ju, seja dura, porém com ternura". Em outras palavras ela me orientou a manter a objetividade na minha atitude, porém percebendo o meio e suavizando a forma de obter o que eu queria. Pode ser que para um ambiente mais "*task oriented*" minha conduta não seria mal recebida, já que nesse âmbito todos são mais "direto ao ponto". Porém não era o caso, o ambiente em que eu estava era bastante relacional e exigia mais tato na minha abordagem. Nunca me esqueci desse *feedback* e o uso até hoje! Outro fator positivo do trânsito entre os dois lados do cérebro é que isso permite às mulheres a habilidade de realizar mais de uma tarefa ao mesmo tempo, pensar em tudo que tem para fazer e esquematizar seu dia, sua semana ou até seu mês! Se observarmos com atenção, isso nos dá uma capacidade de planejamento de curto e longo prazo muito boa! Meu marido sempre me pergunta: "O que temos planejado para o próximo fim de semana?", pois ele sabe que eu tenho a agenda já organizada com todos os nossos compromissos. Meu único conselho nesse quesito é conhecer seu limite para não gerar estafa mental. Sim, podemos ter esse "poder", mas não somos a Mulher Maravilha, ok?

### 5º- O custo da ambição

Dar conta de muitas coisas ao mesmo tempo ajuda a mulher a se realizar em diversas esferas de sua vida, como desempenhar bem seu trabalho, cuidar do seu corpo, dos seus filhos, sair com as amigas e namorar! Mas como comentamos ha pouco, há um limite, pois às vezes a depender de quanto cada esfera requer do nosso tempo e dedicação, simplesmente não é possível conciliar tudo e temos que fazer escolhas. Muitas vezes essas escolhas acabam custando a ambição de crescimento da mulher. Principalmente na fase de sua vida em que é mãe. Eu ainda não tenho filhos, mas vejo de perto amigas e familiares tendo de lidar com o conflito que envolve a carreira e a maternidade. Muitas delas acabam abrindo mão da sua profissão temporariamente ou até permanentemente. Mas o que será que leva a esse fenômeno? Do que tenho observado, alguns motivos. O primeiro e não muito incomum é a mulher voltar da licença maternidade e ser desligada. Outro é a falta de flexibilidade nos horários, muitas empresas ainda exigem que o período laboral seja dentro das 8h-17h e poucas aderiram ao *home office*. Também escassa estrutura privada e pública, como ter que tirar o leite e não ter onde fazê-lo ou a limitação de creches oferecidas pelo Estado. Sem falar do julgamento alheio. Ser julgada por ter abdicado da vida profissional para ter filhos, ou por não tê-los! Faltou algum motivo? Talvez sim, mas esses já estão de bom tamanho para refletir, não? A boa notícia é que há movimentos a favor de um melhor cenário para a mulher no que se trata de optar pelo seu crescimento. Vou citar alguns:

- Vagas preferenciais para gestantes.
- Aumento do período da licença paternidade para 20 dias.
- Benefício de creche (espaço físico na empresa ou dado em valor).
- Programas de *Coaching* antes e após o nascimento do bebê.
- Licença-maternidade estendida para 180 dias.
- Salas de amamentação.
- Bancos de leite.
- *Home office.*
- Horários flexíveis.
- Cotas para mulheres em cargos de liderança.
- Metas de quantidade de mulheres em níveis de liderança e/ou executivo.
- Meta para contratação de mulheres.
- Departamentos dedicados ao tema de diversidade.

✂ Linhas de denúncia que funcionam de maneira séria, ética e anônima para casos de assédio moral e/ou sexual.

✂ Campanha #HeForShe ONU Mulheres.

✂ Objetivo de Igualdade de Gênero dentre os 17 Objetivos da Agenda de 2030 para o Desenvolvimento Sustentável da ONU.

Algumas iniciativas já estão mais avançadas, outras ainda são polêmicas, como o caso das metas e cotas. O ponto é que felizmente elas existem e ajudam a ver uma luz no fim do túnel e poder optar pelo que quisermos ser.

## 6º- Divisão de tarefas

Como já vimos nos parágrafos anteriores, de acordo com o sistema patriarcal a condição da mulher era ser responsável pela casa. À medida que as mulheres começaram também a serem responsáveis pela renda familiar, digamos que houve um acúmulo de funções. Passamos a ter dois "empregos", um dentro e outro fora de casa. Por isso a escolha do seu parceiro(a) é algo que vai além do amor. É ter alguém ao seu lado que esteja disposto a compartilhar tudo, inclusive as tarefas domésticas, não as definindo como obrigação da mulher. Apesar de não ter as atribuições da maternidade, sou casada. Tudo dentro da nossa casa é dividido entre nós. O Alexandre é meu parceiro e entende quando preciso de ajuda e vice-versa. No começo não foi bem assim, tivemos que estabelecer nossas regras, nosso jeito de conduzir nossa família, nossa cultura. O gostoso é exercer a parceria de forma genuína, que aos poucos se transforma em costume e a classificação estereotipada das atividades não há mais. Homem prega quadro e mulher lava a louça? Não! Todos podem fazer de tudo, talvez não com a mesma qualidade, mas o importante é dividir. O apoio do(a) parceiro(a) à carreira da mulher é fundamental para que ela possa prosperar. Sem ele é praticamente insustentável conciliar todos os compromissos e responsabilidades. A mulher, além de se sentir frustrada em não conseguir fazer nada direito, abdica completamente de alguma parte da sua vida (em geral, elas abdicam da carreira em detrimento da criação da família) e também se sente culpada. Culpada por não atender as expectativas dos outros e as dela, principalmente se algo sair errado.

Alguém já ouviu uma mulher responder com a seguinte frase: "Desculpa, mas não consegui fazer tudo!"? Eu já! E foi a mim mesma! Nesse cenário, beiramos a um colapso emocional que leva a uma destruição de autoestima e perigo iminente de destruição do casamento! Portanto, quanto mais se é transparente com quem está ao seu lado e mostrar suas dificuldades e limitações, mais aberto será o caminho da cumplicidade e cumplicidade gera parceria. E a parceria? Gera uma vida mais equilibrada e ajuda (e muito!) no equilíbrio entre os gêneros.

Começamos este capítulo falando de Liderança Feminina e terminamos com Equilíbrio entre os Gêneros. Falar sobre como empoderar mulheres é se preocupar em como podemos alcançar a sonhada equidade entre os gêneros. A cantora Pitty uma vez se expressou de uma maneira muito didática sobre essa questão: "Imagine um muro de 1,70m. A Manu tem 1,60m e o Edu tem 1,80m. Somente o Edu poderá ver através do muro. O que fazer? Damos a Manu um banquinho de 20cm de altura, assim ela estará na mesma linha de visão de Edu e poderão os dois ver através do muro". Vejam que o banquinho empodera a Manu. Não se trata de uma competição e sim de promover um meio que dê as mesmas possibilidades para os dois. O resultado do que será feito por eles de acordo com o que ambos vêm através do muro vai depender das competências de cada um, no entanto, ambos terão a possibilidade de possuir a mesma informação. Assim, finalizo agradecendo. Agradeço a possibilidade de conversar sobre esse tema! Aqui falo para uma, duas, dez pessoas. Não sei quantas pessoas serão tocadas. Mas sei que mesmo que seja uma já me sinto muito feliz em poder ter contribuído para o alcance desse sonho. Citando a embaixadora da Boa Vontade da ONU Mulheres, Emma Watson: "Se não eu, quem? Se não agora, quando?"

Liderança Feminina

# 5 Késia Galvão

# A mulher e o mito da gestão financeira

## Késia Galvão

Formada em Administração pela UFMT. Especialista em gestão de empresas familiares, tendo contribuído com a profissionalização de dezenas de empresas neste segmento. Palestrante e criadora do curso "Gestão financeira para mulheres" com alcance de centenas de mulheres empreendedoras. Estudiosa do comportamento humano atuando dentro de organizações implantando a gestão estratégica de pessoa. Mentora na área de planejamento estratégico e implantação de sistemas de gestão de qualidade ISO9001. Blogueira de viagens e entretenimento.

(66) 99906-9101
kesia.galvao10@gmail.com

Antes de começar a falar sobre gestão financeira, quero contar um pouco da minha história para vocês. Eu nasci no interior do interior do Brasil, em um município de Mato Grosso chamado Poxoréu, com uma população estimada de 15 mil habitantes. Fui criada por uma mãe solteira, com a ajuda de tios, avós, primos, formamos na verdade uma grande família em que amor nunca faltou, e por incrível que pareça a base da minha família sempre foi a mulher.

Estudei a minha vida toda em escola pública, sempre fui apaixonada por livros, filosofia, história e tudo mais que me permitisse viajar pelo mundo, porque para minha realidade essa era a única forma com a qual eu conseguiria conhecer muitos lugares, através da imaginação. Me formei em Administração pela Universidade Federal de Mato Grosso, e logo após comecei a trabalhar em uma gigante multinacional de processamento de grãos. Nessa empresa iniciei na Controladoria, e após dois anos fui transferida para o setor de Logística, onde a maioria da equipe era formada por homens. Por lá permaneci e participei da implantação de um novo setor daquela organização: sua própria empresa de transporte.

Quando me desliguei de lá, resolvi arriscar e ao invés de procurar emprego em outro lugar decidi que abriria meu próprio negócio. E comecei a trabalhar com Consultoria, especificamente com profissionalização de empresas familiares. Até então minha vida financeira era um tanto quanto bagunçada, mas entendi que para que eu pudesse mudar e profissionalizar empresas precisaria começar mudando a mim mesma, e assim começaram os trabalhos de reeducação financeira, que posteriormente se transformou em um programa de Gestão Financeira para Mulheres. E é a respeito disso que vamos falar: sobre a mulher e sua relação com o dinheiro.

Falar de gestão financeira ainda é muito difícil para a maioria das mulheres no Brasil. Grande parte da população feminina vem de família patriarcal, em que culturalmente o homem é o responsável por lidar com contas, números, investimentos, economia, controle e tudo mais que envolva dinheiro.

Apesar dessa realidade ainda muito presente, o cenário vem mudando. Muitas mulheres saíram da condição de "dependentes" dessa facilidade que os homens têm em lidar com dinheiro e tomaram as rédeas de sua vida. Hoje muitas mulheres são as responsáveis por suas famílias, muitas saíram de casa cedo em busca de maiores oportunidades de crescimento profissional e pessoal, e a duras penas tiveram que aprender a cuidar de suas próprias finanças.

Infelizmente, no Brasil não se aprende gestão financeira nas escolas, acredito que essa deveria ser uma disciplina obrigatória desde a formação básica da criança, para que chegasse à vida adulta sendo uma pessoa organizada, planejada e focada. Tenho plena convicção de que dessa forma o País não teria um índice de inadimplência tão monstruoso.

Organizar-se financeiramente vai além de preencher planilhas de controle, de abrir mão de algumas coisas, de poupar. Tudo o que é feito tem uma razão, e tudo que não é feito também. Para alcançar equilíbrio financeiro, o primeiro passo é entender o que você faz e porque você faz. Já parou para se perguntar por que a relação com o dinheiro é tão complicada? Então, antes de mais nada, vamos responder algumas questões importantes:

– Qual a lembrança mais antiga que você tem sobre o dinheiro?

– Como as questões financeiras eram tratadas na sua casa?

– Para você, o dinheiro está relacionado com liberdade e prazer ou angústia?

– Quem você admira pela forma como lida com dinheiro?

Respondidas essas perguntas, você entenderá como é sua relação com o dinheiro. Nossa vida hoje está na maior parte do tempo em modo automático, trabalhamos, recebemos, pagamos contas. A maioria das pessoas gasta seu dinheiro muito antes de recebê-lo, e talvez esse seja o grande vilão para se alcançar o equilíbrio.

Para as mulheres isso vai muito além do modo automático. A mulher tem peculiaridades que a diferenciam dos homens, somos educadas por uma sociedade machista, que em nada nos ajuda a lidar com essas diferenças. Mas nem assim precisamos ser vítimas da situação e manter essa educação machista como verdade absoluta. O fato é que acabamos criando em nossas vidas algumas armadilhas, que trataremos aqui como "Armadilhas mentais". Em outras palavras, criamos mecanismos que acabam por nos sabotar todo o tempo, e deixamos que as nossas dificuldades definam o caminho que devemos seguir.

Sair da zona de conforto é assustador, mas é fora dela que a magia acontece.

## Principais armadilhas mentais

As armadilhas mentais são constituídas, em sua grande maioria, por vivências, experiências, sejam elas boas ou ruins, e também há grande influência cultural nisso, pois, como já mencionado anteriormente, vivemos em uma sociedade predominantemente patriarcal. Descobrir quais são nossas principais armadilhas é o primeiro passo a ser dado para alcançar equilíbrio financeiro.

- **O pensamento mágico:** que nada mais é do que a esperança de que algo caia do céu, pensar que do nada você vai ganhar na loteria, ou que alguém vai cuidar do dinheiro por você. Grande parte das mulheres que cria essa armadilha não se preocupa com sua vida financeira, pois acredita que no final tudo vai dar certo. É também o pensamento típico de quem diz que não trabalha por dinheiro, que ele é consequência de tudo. A menos que você tenha uma atividade sem fins lucrativos, isso não passa de uma história, todas nós trabalhamos por dinheiro sim.

⁂ **O mito do príncipe encantado:** mencionando novamente a sociedade patriarcal, que educa as mulheres para deixar o controle financeiro de suas vidas nas mãos dos homens, esse é o pensamento mais machista que temos a respeito de nós mesmas. É acreditar que nunca faremos melhor do que um homem quando se trata de dinheiro, ou também acreditar que eles deverão ser os responsáveis por nossas finanças. Felizmente isso tem mudado, mas ainda é muito comum na vida de muitas mulheres.

⁂ **O complexo da boazinha:** desde sempre ouvimos que precisamos ser boas meninas, que devemos ser delicadas, e ainda que mulher tem sempre que agir como mulher. Mediante isso, nos sabotamos, criamos características opostas ao que precisamos ter para alcançar sucesso profissional. Ser boazinha é abrir mão do que realmente é valor para viver o valor do outro, é deixar de investir em seus sonhos para viver o sonho alheio. Eu costumo dizer que, se você não planeja sua vida, não possui sonhos, certamente terá que se adequar aos planos e aos sonhos dos outros, e isso não é nada bom, porque acabará direcionando todo seu dinheiro para algo que não é o que queria.

⁂ **A síndrome da fraude:** também conhecida como a síndrome da impostora. Atrevo-me a dizer que essa é a mais grave de todas as armadilhas criadas por nós, por estar muito ligada à baixa autoestima. A mulher que se sabota acredita piamente que não é boa o suficiente para almejar nada além do que já tem, e o que conquistou é fruto puramente da sorte. Mulheres assim geralmente diminuem seu valor, mediante qualquer situação se consideram sempre inferiores, principalmente se comparadas aos homens. E essa é sua principal razão para não buscar equilíbrio financeiro, para não buscar nenhuma promoção, para não buscar nada melhor para a sua vida. Ela sempre acredita que não é capaz de lidar com dinheiro, muito menos que é capaz de ganhar mais.

⁂ **O falso dilema:** é o famoso "Ganhar dinheiro ou ser feliz?" "Ter sucesso na vida pessoal ou profissional?" A maioria das mulheres acredita que o sucesso profissional vai contra o sucesso pessoal. Isso se deve muito à nossa sociedade machista, em que poucos homens aceitam que sua mulher ganhe mais que eles, ou ainda que sua mulher viaje a trabalho. Quando o marido precisa mudar de cidade por conta do trabalho, a mulher não pensa duas vezes e já começa a arrumar suas malas, custe o que isso lhe custar, e muitas vezes custa sua própria carreira, porém o oposto dificilmente acontece. Logo, uma mulher ter sucesso profissional muitas vezes significa ter que sacrificar algo, seja seu relacionamento ou o tempo que passaria com a família. Acredito que seja possível conciliar as duas coisas, é difícil, mas totalmente possível, quando se tem planejamento, organização e principalmente quando se sabe dizer não, seja para os excessos que o trabalho exige, ou para coisas que estejam acima de seus planos ou valores de vida.

Muitas se identificam com pelo menos uma dessas armadilhas e são elas que devem ser combatidas quando se opta por organizar-se financeiramente, seja para investir na aposentadoria ou em um sonho.

A sua motivação na hora de poupar deve vir de uma raiz positiva: se você se propuser a poupar para os tempos difíceis, possivelmente irá atrair dificuldades para si. Então, pense no futuro próspero, poupe para aproveitar sua vida com conforto, sem depender do trabalho na velhice! Caso haja alguma eventualidade, essa poupança será sua segurança!

## Princípios básicos da gestão financeira

Há sempre uma dificuldade muito grande em começar, sair da zona de conforto para poupar, requer disciplina, persistência e principalmente um foco positivo. Tenha sempre claro em sua cabeça qual seu sonho, sua meta, ou sua ambição, saiba quanto ela custa e quanto tempo precisará para atingi-la, e a partir daí poderá seguir algumas regras básicas da educação financeira.

1) **Faça um raio-X das suas finanças:** antes de começar a reduzir custos para poupar você precisa saber quais são seus principais gargalos, pra onde está indo seu dinheiro. Levante no que foi gasto cada centavo, relacione tudo. Os considerados pequenos gastos geralmente são os maiores vilões. Ao final disso saberá onde foi parar seu dinheiro;

2) **Crie um orçamento:** o principal motivo para a criação de um orçamento é a redução de custos, faça uma previsão de como serão seus gastos no decorrer do mês, bem como quais serão suas receitas, sejam elas

fixas ou variáveis. Mas é importante que suas despesas nunca ultrapassem sua receita fixa, ou a tendência de você se enrolar é muito grande. O seu orçamento deve conter também o valor que busca investir, seja ele para viajar, adquirir um bem, ou investir num fundo de renda.

3) **Controle seus gastos:** faça valer o seu orçamento, siga à risca o que planejou para o seu mês, resista às tentações. Até os gastos com festa, presentes, beleza devem estar dentro do mesmo, caso não, isso será seu maior erro.

4) **Evite andar com cartões de crédito ou débito:** os cartões dão um grande poder de compra, o que atrapalha muito uma boa gestão financeira. Quando andamos somente com o dinheiro, o sentimos saindo, o que nos causa um certo desconforto e acabamos pensando mais antes de gastá-lo com bobagem. Os cartões, ao contrário, nos permitem fazer o oposto pela facilidade de só pagar quando a fatura fechar, e é aí que mora o perigo, e só nos damos conta do rombo quando ele já está feito.

5) **Alimente sua planilha de controle financeiro:** ela será sua maior arma contra os desperdícios, mas isso deve ser feito diariamente, ou sempre que gastar com algo. Contabilizar seus gastos periodicamente lhe dará armas para reduzi-los, pois saberá se seu orçamento está sendo cumprido à risca ou não.

6) **Foque no seu objetivo:** sempre que tiver oportunidade de comprar algo seja racional e faça contas, verifique se esse consumo lhe trará mais prazer do que alcançar seu objetivo, caso não, saiba abrir mão de algo para um bem maior. Às vezes o exercício que mais precisa ser feito e o mais difícil é o que está relacionado a abrir mão de coisas que em nada nos acrescentam. Se seu objetivo de vida for conhecer o mundo, precisa entender que qualquer dinheiro gasto comendo fora, comprando roupas que não precisa, ou com lanchinhos no meio do dia fará diferença na hora da viagem. Então faça contas e foque na sua meta.

A *internet* hoje disponibiliza várias ferramentas de controle financeiro, aplicativos de celular que facilitam muito ter controle financeiro. Busque um que seja objetivo, de fácil entendimento e principalmente que seja prático e que lhe ajude a se reeducar.

Economizar pode ser mais fácil do que muitas pessoas pensam, alcançar um objetivo que dependa de organização financeira não é complicado desde que você esteja disposta a mudar, a ceder, a fazer contas pensando num bem maior.

Equilíbrio financeiro requer muita disciplina, várias concessões e muito foco. Se você acredita que não ganha o suficiente para alcançar seus objetivos, busque atividades que agreguem valor, sejam elas quais forem. Nós mulheres possuímos infinitas habilidades que nos permitem buscar sempre mais. Monte seu próprio negócio, use seu tempo com algo que faça muito bem, e que possa lhe gerar alguma renda extra, aproveite o ócio e torne-o criativo, rentável, pense grande sem nunca perder de vista o seu sonho.

# 6 Leila Regenold

# Recomeçar, sempre que for preciso!

## Leila Regenold

Graduada em Letras; pós-graduada em Gerontologia e em Turismo e Lazer com ênfase para a Terceira Idade; proprietária da Empresa Regenold Viagens e Eventos – única do Estado de MS especializada no público Sênior; produtora de eventos e projetos culturais; idealizadora do evento Maturishow – Encontro Mercosul da Maturidade, que está na 8ª edição. Coreógrafa de grupos de dança para a terceira idade.

Coordenadora Técnica para MS do Programa Clube da Melhor Idade/MS – Cultura/Arte e Lazer nomeada pela Embratur – 1997 a 2004; coordenadora do curso para Terceira Idade na Faculdade Unaes (2002 a 2004) e na Faculdade Estácio de Sá (2010/2012); colunista do jornal A Crítica – coluna "Por uma Melhor Qualidade de Vida", durante 12 anos.

(67) 99971-8525
www.regenoldviagens.com.br

Vim de uma família de imigrantes alemãs e paraguaios, nasci na cidade considerada a Capital do Pantanal – Corumbá, no Mato Grosso do Sul - e tive uma infância rodeada de muito carinho por parte de todos da minha família, mãe, irmã, avós, tios, tias e primos. Perdi meu pai com apenas um ano e meio de idade e tive para minha criação a dedicação e cuidados da minha mãe e irmã.

Iniciei minha vida profissional como professora de balé com apenas 14 anos e sempre estive envolvida com a arte e criação. Adorava subir em um palco para dançar ou tocar meu instrumento predileto, o piano. Do balé fui para a área do turismo e organização de eventos na Prefeitura Municipal de Campo Grande e depois no Governo do Estado de Mato Grosso do Sul. Foi quando recebi o convite, em 1997, da então diretora de Turismo do Estado, Tai Loshi, para coordenar o Programa Clube da Melhor Idade de Mato Grosso do Sul - PCMI/MS, um projeto que na época tinha a direção do Ministério do Turismo. A partir daí, tive a oportunidade de me aproximar desse público – da melhor idade - que se tornou um divisor de águas em minha vida. Tive a sorte de poder trabalhar ao lado de uma pessoa que sempre teve a liderança nata em sua vida, Clarice Borges de Paula, então presidente da Associação dos Clubes da Melhor Idade/MS, com quem muito aprendi e a quem sou eternamente grata.

Foi uma parceria que deu certo, vários Clubes da Melhor Idade foram criados no Estado e inúmeros eventos realizados. Com um trabalho intenso, Mato Grosso do Sul se tornou uma referência nacional no Programa Clube da Melhor Idade.

E como a dança sempre esteve na minha vida, criamos o "Corpo de Dança Embalos da Vida", para o qual eu coreografava os espetáculos e no decorrer de sete anos de existência tivemos convites para apresentação em diversos lugares do Brasil. O grupo era composto por mulheres com idades entre 60 e 85 anos.

E, nesse ritmo, a paixão me pegou. Procurei adquirir conhecimentos acadêmicos, fiz especialização em Gerontologia (área que estuda o envelhecimento humano) e em outras na área de turismo, eventos e lazer voltados para a terceira idade.

Buscando aprofundar conhecimentos, surgiu em 2002 o convite para fazer estágio sobre Turismo Social em Portugal (no Inatel – Instituto de Tempo Livre dos Trabalhadores) e também na Espanha (no Inserso – Instituto de Maiores e Turismo Social). Essas foram experiências que ampliaram meus horizontes.

Foram inúmeros projetos realizados durante o período em que estive como coordenadora desse respeitoso Programa, inclusive em projetos intergeracionais, proporcionando o intercâmbio de grupos etários distintos. Vieram convites para coordenar cursos intitulados de "Faculdade Aberta para Terceira Idade" em instituições educacionais de renome de nosso Estado.

E assim novos projetos foram criando forma em minha mente e senti que chegou a hora de alçar novos voos em busca da realização de um sonho...

> *"Corra o risco.*
> *Se der certo, felicidade.*
> *Se não, sabedoria."*

Em 2003 fundei juntamente com uma sócia o Instituto Sênior de Cultura, Lazer e Turismo – Espaço Vida, onde se realizavam diversas atividades como: informática, aulas de dança, hidroginástica, terapias em grupo, palestras com temas variados, excursões, e eu ainda ministrava cursos voltados a esse público em vários municípios do Estado de Mato Grosso do Sul. Mensalmente eram atendidas aproximadamente 1.500 pessoas entre atividades pagas e outras gratuitas. Foram sete anos de muito "pique", realizações e reconhecimento.

Tudo maravilhoso!!! Até que nos deparamos com a ausência de incentivo financeiro para que esse projeto se perpetuasse.

De repente... Sonho desfeito, decepção, angústia, depressão. Cheguei a pensar qual seria o valor de concretizar um sonho se, quando conseguimos conquistá-lo e pensamos que estamos no caminho certo, tudo vem por água abaixo... O sonho se desfez!!!

Passei alguns meses na angústia de não mais querer sonhar... Depressiva e sem querer encontrar aquelas pessoas a quem muito pude fazer pela sua qualidade de vida e agora... NADA mais.

Porém, como um furacão que passa, e com o total apoio da minha família e de meu companheiro Aurimar, me senti reconstruída, pronta para um recomeço.

> "Quando você quer alguma coisa, todo o universo conspira para que você realize o seu desejo."
> (Paulo Coelho)

Assim, fui convidada para coordenar um novo curso para a terceira idade e também retomei, num jornal semanário, uma coluna que já mantinha por quase dez anos, intitulada "Por uma Melhor Qualidade de Vida".

Nesse momento, totalmente restabelecida, abri uma nova empresa e dei início a outro capítulo de minha vida, resgatando os antigos clientes/amigos e captando novos. Organizando inúmeras viagens em grupo. Tudo estava correndo muito bem, mas a vida quis me testar novamente... Mais uma vez me pregou uma peça! Fui surpreendida por um golpe de uma operadora de turismo de São Paulo num contrato de viagem para um grupo de 50 pessoas. Desespero! O que fazer nessa hora? Véspera da viagem! Tudo pago! Golpe fatal! Pânico! O que dizer aos meus clientes? É nessas horas que buscamos aquela força abominável para superação, que muitas vezes nem nós sabemos que ela existe. Parei, respirei e me apeguei à FÉ. Acreditei no meu potencial.

E como sempre, Deus no comando e a família unida, contatamos todos os passageiros para esclarecer o ocorrido e fazer a devolução em *cash* do valor pago por eles (isso mesmo, em *cash*, consegui um empréstimo no banco para essa finalidade). Pronto, parte do problema resolvido. E a "golpista"? Segui adiante com um processo judicial contra a operadora citada. Após quatro anos de luta, causa ganha!

> *"Quando penso que cheguei ao meu limite descubro que tenho forças para ir muito mais além". (Airton Senna)*

Foram momentos difíceis, porém acreditei mais uma vez em meu ideal, e lancei outro desafio, realizar um evento que tivesse a "cara" da maturidade. Idealizei o MATURISHOW – Encontro Mercosul da Maturidade, sem nenhum recurso financeiro para investir, apenas com determinação, esforço e coragem para vencer.

Evento patenteado, marca registrada e já estamos na oitava edição, todas realizadas com grande êxito, contando com a participação de pessoas oriundas de vários Estados do Brasil e países do Mercosul. Já temos o registro oficial de mais de cinco mil participantes. O evento foi idealizado para a cidade de Bonito/MS, mas a partir de 2017 passamos a realizá-lo em duas edições anuais, no primeiro semestre é itinerante e no segundo é realizado nessa cidade.

Hoje esse evento é o maior do Centro-Oeste do Brasil e com repercussão positiva e intensa em países como Bolívia, Paraguai e Argentina.

Para toda essa conquista, a produção conta essencialmente com a minha família Regenold, Lecir (irmã), Filippe (sobrinho), Guilherme (filho) e a equipe técnica, que faço questão de nomear: Tamires Valente, Maria Rosana Gama, Priscila Prado, Priscila Brum, entre outros profissionais que a cada ano vêm somar conosco. Minha gratidão a eles que acreditam e investem em meus sonhos.

O brilho do Maturishow também se faz pelo incomparável trabalho de atividade física com a professora Maria Alice Corazza e do símbolo artístico de Mato Grosso do Sul, a professora Sonia Rolon, que tem na veia o seu comprometimento com a arte, e ainda inúmeros outros profissionais que deixam a sua marca no coração de cada participante.

A nossa empresa, além de realizar esse já tradicional evento, organiza viagens em grupo para a terceira idade com o acompanhamento de uma equipe especializada e atenta, percorrendo o Brasil, o mundo e os mares. São roteiros culturais, históricos, temáticos, ecológicos, de águas termais, lazer etc. Agregamos aos grupos de viagens pessoas de diversas regiões do País. Essas viagens realizadas pelo mundo afora criam vínculos de amizade entre os participantes e para que esse vínculo seja uma corrente prazerosa criamos uma "confraria" que se reúne para um bom papo, ouvir músicas, dançar ou acima de tudo trocar um afetuoso abraço.

Como empresária e idealista, meu projeto de vida é cada vez mais executar um trabalho com o amor e a dedicação que me move, unindo-o com as necessidades do mundo corporativo. Tenho muitos planos, como, por exemplo, que a cada edição o Maturishow se supere, tanto na programação como no número de participantes.

Meu intuito também é transformar Mato Grosso do Sul numa referência em turismo para a terceira idade, com roteiros diferenciados e específicos para esse público.

*"Quero e posso ultrapassar muito mais fronteiras."*

Nessa trajetória de 20 anos voltados a realizar atividades com a terceira idade, já passaram por meus cuidados mais de 50 mil idosos, através de eventos, viagens, faculdade da terceira idade, aulas de dança, palestras, projetos sociais e entretenimento. Isso me deixa imensamente feliz.

Hoje, reflito: diante de todos os feitos, percebo que estou sempre aprendendo e vivenciando fatos novos, a cada dia uma nova descoberta e emoção. A minha vida está em constante rotação.

Gosto de ressaltar fatos marcantes que vivenciamos nesse trajeto, por exemplo, reencontro de amigos de infância após dezenas de anos, laços de amizade que se formam e outros que se fortalecem, cura de depressão, desafetos que o saber ouvir transforma em laços fraternos, curiosidades por novas descobertas, ânsia pelos prazeres da vida, percepção do colorido da idade e por que não... grandes paixões, namoro e até casamento.

> *"As mulheres têm o poder de transformação.*
> *São frágeis, poderosas e fazem a diferença!"*

A mulher é capaz (e muito) de conciliar a vida profissional e a do lar de uma maneira leve, sensata e com muito amor. Tenho um convívio familiar intenso, marido, filhos (Guilherme, 31 anos, e Eduardo, 11 anos) e amigos, amo estar com eles, passeio, danço, churrasqueamos e brindamos a vida diariamente.

Os principais desafios para uma mulher que assume a liderança de uma organização, de qualquer porte que seja, estão em ser sempre muito honesta consigo mesma. É preciso saber o que se quer e trabalhar com afinco para realizar. RECOMEÇAR SEMPRE QUE PRECISAR quando se sabe o caminho que se quer traçar.

> *"O sentido é mais importante que a velocidade."*
> (Clarice Lispector)

Confiante profissionalmente, tenho a certeza de que este trabalho faz a diferença na qualidade de vida do público da terceira idade. Tudo que faço é prazeroso, invisto para que o resultado do trabalho seja satisfatório e motivador.

No decorrer da minha vida profissional, o receio que muitas vezes me rodeia é o de não conciliar a concretização do sonho com as necessidades objetivas da vida. No entanto reconheço que o desafio para os líderes é a palavra mágica. O acreditar, o ousar superam todos os medos.

Quando me perguntam o que é mais importante na minha trajetória afirmo, sem sombra de dúvidas, que é a REALIZAÇÃO PESSOAL. Sou inclusive muito crítica comigo mesma, porque como empresária meu lado humano sempre falou mais alto. Então preciso estar atenta para que minha empresa não se transforme em "assistencialismo", porque se me deixar levar pelos meus impulsos quero fazer tudo gratuitamente para as pessoas. Vivo de EMOÇÃO e não de RAZÃO!!! Esse prazer em trabalhar me impulsiona.

E esse impulso veio de minha MÃE, que foi a grande incentivadora e apoiadora de todos os meus sonhos e projetos. Meu porto seguro, meu colo nos momentos de fraqueza, minha força nos momentos de garra, meu espelho de mulher determinada, batalhadora, audaz e fortaleza sem igual. Em 2012, ela terminou sua missão aqui na Terra e foi para outra dimensão brilhar como uma ESTRELA que sempre foi. Hoje, é a sua energia transcendental que me move e me fortalece.

> *"E assim a vida segue, acontecendo nos detalhes, nos desvios e nas belas surpresas."*

Para quem está no começo da carreira, ressalto que é importante perseverar e saber que os obstáculos existem. Vivi muito a realidade do preconceito quando comecei a trabalhar com a terceira idade há mais de 20 anos. Preconceito inclusive dos próprios idosos. Cito isso porque foi necessário muita perseverança e determinação.

Acredito que realizar sonhos é na verdade o trabalho de todo dia. Acordar cedo, deixar a preguiça de lado e lembrar-se de que existem os objetivos a serem alcançados e assim ir atrás deles, sem se preocupar com o caminho que irá percorrer, pois ora será leve, ora com grandes obstáculos, mas com determinação e foco alcançaremos nosso ideal.

> *"A união faz a força perante as adversidades."*
> *(Johnny de Carli)*

Cito alguns profissionais com que me deparei nessa longa caminhada e que têm o meu respeito, admiração e aplausos pelo trabalho desenvolvido em prol da qualidade de vida das pessoas idosas: professora Reni Domingues dos Santos (da Escola Mace), Edison Araujo (Fecomercio/MS), dr. Ricardo Ayache (Cassems), Marialva Domingues (Sesc/MS), profª Leiner Mello (Universidade da Melhor Idade/UCDB), Ilza Gomes Soares (Prefeitura de Bonito), professora Maria Aparecida Nascimento (Assoc. dos Professores/MS), Clarice de Paula, Emilia Cance, Zulmira Azambuja, Clarinda de Oliveira (Associação da Bella Idade/MS), fonoaudióloga Keyla Miranda (Uniaudio - Centro Auditivo), dentista geriatra dr. Marco Polo Siebra, professor Américo Calheiros e o vereador Valdir Gomes.

Para concluir, digo que tenho a certeza de que esta obra servirá de incentivo para muitas mulheres que no primeiro desalinhamento de sua vida se desesperam e se enfraquecem, abandonando seus sonhos.

Lembrem-se de que nós, mulheres, possuímos uma força infinita que nem nós reconhecemos. Mas Ela vai muito além do que pensamos, e se fraquejar, agarre-a... É aí que nasce essa NOVA MULHER, muito mais forte, com mais sabedoria e com o coração bombeando de vontade de VENCER!!!

> *"Seja como um predador que conhece todos os riscos e as chances que tem de fracassar em suas caçadas, mas não deixa de confiar em si e se lança ao ataque, porque sabe que, se não tentar, não terá nenhuma chance de vencer."*

# 7 Leni Fernandes

# Há 28 anos vendendo felicidade

## Leni Fernandes

Brasileira, nascida em Terenos/MS. Empresária com mais de 29 anos de experiência no mercado joalheiro (varejo e atacado), com uma rede de lojas de joias, semijoias e ótica. São três marcas patenteadas, Prata e Cia, Inel Classic e Badulaque Acessórios; conta com quase 100 funcionários diretos e mais de 5.000 revendedores. Possui formação em Técnico de Transações Imobiliárias e também é diretora da Assoc. Comercial e Industrial de Campo Grande. Casada com o empresário Cézar França, mãe de Amanda e Alexandre. Seu lema é: "O mundo abre caminhos para quem sabe aonde quer chegar".

(67) 3325-3127
marketing@badulaqueacessorios.com.br
www.badulaqueacessorios.com.br

Desde criança eu tenho conhecimento de que "o mundo abre caminhos para quem sabe aonde quer chegar", pois iniciei cedo minha vida nos negócios ajudando meu pai na venda de frutas no bairro em que residíamos. Nasci na cidade de Terenos, Mato Grosso do Sul, a 32,3 km da capital Campo Grande, e sou a quarta de oito filhos, sendo quatro homens e quatro mulheres, filha de Bernardo Fernandes e de Rosa Dutra Fernandes, logo aprendi o peso de ter responsabilidades.

Uma menina Luz, tudo que eu fazia brilhava, era amada pela família e amigos. Sempre tive Deus presente em minha vida, venho de uma família evangélica, desde muito cedo entendi a importância de ter fé em Deus, foco e muita determinação. Até os dias de hoje mantenho esses valores, em todas as minhas empresas iniciamos os nossos dias com uma oração. Sempre coloquei objetivos em tudo, nada era em vão, tudo traçado, projetado e arquitetado. Meus pensamentos eram minha mola mestra, sempre pensando "sou o que meus pensamentos determinam, meu nome é trabalho, meu sobrenome é sucesso". Mas quando ainda era menina também sabia me divertir com os irmãos e amigos, brincávamos de Cinco Marias, de passar anel, de roda e busca ao tesouro, jogávamos Beti, andávamos dentro de pneus, brincávamos de esconde-esconde, pega-pega, deslizávamos no barro...

Minha família era humilde, por isso ajudava minha mãe nos afazeres de casa e meu pai na venda de frutas. Guardo na memória as imagens da felicidade de papai por me ver retornar com as mãos vazias sinalizando que as vendas haviam sido lucrativas.

Meu maior prazer era o orgulho que meu pai sentia de mim. Eu saía e vendia tudo, e ele não era vendedor, saia bem quietinho com as mercadorias e não fazia alarde para não ser visto pois tinha vergonha, moral da história: não vendia.

Eu e meus irmãos ajudávamos na manutenção da casa, porém sabíamos da necessidade de ir à escola. Na época, por ser uma área afastada da zona urbana, a escola foi improvisada próximo a uma estação de trem e a professora era a esposa de um agente. Mas, chegou o momento em que eu e meus irmãos precisávamos realmente de um ensino mais aprofundado e ratificado, por isso minha família precisou se mudar para Campo Grande/MS, para que nós pudéssemos ter um ensino melhor.

Minha mãe nunca nos deixou na zona de conforto, sempre nos ensinou responsabilidades e dizia que se não soubéssemos fazer determinada atividade nunca saberíamos liderar. Isso ela ensinou a todos nós e foi de grande valia para nossa educação.

E aos sete anos de idade iniciei a vida escolar, já demonstrando meu tino para a liderança e minha firmeza no enfrentamento dos desafios propostos, destacando-me nos trabalhos escolares. Aos 13 anos, comecei a trabalhar como babá e com minha renda, já com visão empreendedora, decidi investir em mim mesma e por isso fui estudar em um colégio particular renomado da cidade de Campo Grande, onde também me destaquei e recebi o convite, enquanto cursava o 7º ano, para ir direto para a 8ª série, premiação recebida por poucos, devido a minha dedicação e pelas excelentes notas que tirava. Eu fazia tudo isso e ainda trabalhava em outro período, não era fácil, mas eu não fugia e até hoje não fujo de desafios.

Outro marco em minha vida também ocorreu aos 13 anos, quando tive pela primeira vez minha carteira de trabalho assinada, indo trabalhar como vendedora em uma loja de quadros. Com o tempo aprimorei minhas habilidades comerciais e logo fui contratada por uma loja de roupas. Aos

17 anos, iniciei uma das minhas maiores experiências profissionais, trabalhar em um banco, o Itaú, onde comecei no almoxarifado.

Cheguei ao Banco e fui conversar com o gerente, ele me perguntou se eu tinha experiência, eu disse que não, mas que tinha muita vontade de vencer na vida. Então ele me disse que começaria no dia seguinte. Iniciei no almoxarifado como todos, porém, logo me chamaram para ser secretária Júnior da gerência.

Ao mesmo tempo em que vivia um momento de crescimento no Itaú, eu conciliava com a conclusão de meus estudos escolares. Iniciei posteriormente a graduação de Administração de Empresas, porém, a vida no Banco exigia tanto esforço que foi necessário que eu me afastasse da graduação. Uma decisão necessária, pois eu planejava meu próximo salto, tornar-me gerente. Descobri que para isso precisaria atuar no caixa, porque só era possível tornar-se gerente quem tivesse passado por essa função.

Ao saber de tal condição, não tive receio e pedi para ser colocada então como caixa. E assim aconteceu, já como caixa mostrei meu empenho e determinação e em curto período já tinha a admiração da gerência. Principalmente porque ao invés de descansar nos horários de almoço, eu utilizava 15 minutos para fazer a refeição que meu pai me trazia todos os dias e aproveitava o tempo restante para vender seguros. E vendendo por apenas uma hora ao dia consegui ser campeã nacional em venda de seguros. Por incrível que pareça, com toda essa correria eu ainda consegui fazer um curso de Corretor Imobiliário e de Marketing, este último uma paixão latente que mantenho até hoje.

Depois consegui ser assistente de gerência, com o tempo me tornei subgerente e finalmente cheguei à gerência, então foi muito interessante. Fui gerente cinco anos, durante os dez anos que permaneci no Banco. E como gerente pude ajudar muitas pessoas, pois orientei algumas a conseguirem dinheiro negociando fora do banco com o credor, sem pagar juros. Muitos conseguiram ter sucesso em seus empreendimentos, então fui soma na vida de pessoas e que me agradecem até hoje dizendo que não vieram à falência porque eu os orientei a não pegar dinheiro emprestado, pois o empréstimo envolve juros e correções.

Como na época eram poucas as mulheres com o cargo de gerente em um Banco, tive que lidar com o preconceito existente, principalmente em relação a duvidarem de minha capacidade, mas não me intimidei e mostrei mais uma vez meu valor, conseguindo obter o respeito de muitos que duvidavam do meu potencial. Eu sempre me valorizei e acreditei que era capaz, em nenhum momento demonstrei fraqueza ou derrota, mas apresentei a todos uma mulher firme e objetiva em meus projetos.

Foram diversas as situações positivas que a vida como bancária me proporcionou, uma das mais importantes foi o dia em que um senhor japonês, meu cliente no Banco, chamado Sizika Mizioka, me perguntou se já havia vendido joias. Sem entender a pergunta, eu disse que não tinha capital para tal atividade. Então, ele me ofereceu uma peça consignada e disse que poderia começar então com aquela peça, um par de brincos em uma caixinha.

Peguei a joia e vendi, com o dinheiro paguei o brinco e com o lucro comprei outra peça, e desta forma comecei a ser empreendedora. Eu trabalhava até as 18 horas no Banco e das 18h00 às 22h00 eu vendia joias de porta em porta. Sempre tive na mente que para termos o sucesso precisaríamos trabalhar bastante, pois precisamos fazer diferente da média para nos destacarmos dos demais.

Momento decisivo na minha carreira, as vendas das joias estavam sendo tão lucrativas que precisava de mais tempo, mas de outro lado estava minha vida como gerente de Banco. Porém, senti que podia ir mais além e que tinha capacidade para isto, acreditava em meu potencial, foi quando em 1988 saí do Banco Itaú e dediquei-me integralmente à vida de empresária, focada e determinada a galgar muitas conquistas, nunca deixando de lado a humildade, o amor próprio e a vontade de vencer.

Em 1989 abri meu primeiro escritório, no qual podia organizar as mercadorias. Por ter visto os benefícios desse modelo de negócio decidi ampliar e oferecer esta oportunidade a outras mulheres para que pudessem também ter suas vidas mudadas, pois o sucesso destas mulheres significaria também o meu crescimento. Em 1991 concretizava minha carreira de empresária ao ter minha primeira loja física, a Prata e Cia, para vender joias no atacado, e atualmente com 26 anos de mercado comercializo joias, semijoias, pratas, óculos, relógios e embalagens. Todavia, uma das maiores recompensas não foi o fator financeiro, mas sim o humano, o fato de a Prata e Cia ter colaborado com centenas de famílias a se estruturarem e terem uma vida melhor.

Ainda há muitos engenheiros, médicos, advogados e outros profissionais formados com a mãe comprando na Prata e Cia e revendendo os produtos. Fico muito feliz em fazer parte dessas histórias de felicidade, pois fazemos parte dessas famílias de Campo Grande. Sou muito grata a Deus por contribuir com essas pessoas.

Meus filhos Alexandre Fernandes Cese e Amanda Fernandes Cese eram ainda jovens quando, em 2005, enfrentei a separação do meu marido Luiz Antônio Cese, e aprendi a lidar com várias adversidades, uma delas o preconceito por ser mulher.

Para chegar aonde cheguei tive que encarar tudo sozinha, ser firme e dar a volta por cima. Além de ser mulher, mãe, era empresária, precisava reagir e vencer os obstáculos.

Durante uma viagem à Suíça em 2008, vislumbrei a necessidade de abrir uma empresa voltada ao varejo, foi assim que em 17 de julho de 2008 abri a Inel Classic, uma ótica e joalheria que traz produtos de altíssima qualidade para os clientes, das mais renomadas marcas. O sucesso foi questão de tempo, pois levei minha experiência do atacado para o varejo, sendo dois dos fatores mais importantes a valorização e fidelização dos clientes.

Com o *know-how* adquirido no varejo por meio da joalheria, no ano de 2009 conheci a Badulaque Acessórios, uma loja de roupas e acessórios, a qual tive a oportunidade de adquirir e iniciei mais uma mola para meu salto empresarial. O departamento de roupas foi retirado da empresa e foquei nas semijoias, óculos e relógios, oferecendo produtos de altíssima qualidade e sempre reforcei a importância da valorização dos clientes.

Com minha energia e entusiasmo pela vida e pela carreira contagio as pessoas ao meu redor e graças a isso também conquistei muitos admiradores. Tenho orgulho de minha história, pois fui uma menina de família humilde, da pequena cidade de Terenos/MS, que lutou, perseverou, conquistou e hoje estou à frente de nove lojas: sendo seis Badulaques, duas Inel Classic e uma Prata e Cia.

Com tanto sucesso alcançado com meus empreendimentos, decidi expandir ainda mais minhas empresas, e daí surgiu a ideia de montar franquias. Com o fato de a Badulaque Acessórios estar em evidência no mercado, planejei a criação da Badulaque Acessórios Franchising, durante três anos, e depois toda a preparação, pesquisas, estudos necessários, o que antes estava na imaginação ganhou forma e foi concretizado, fazendo com que diversos empresários tenham a oportunidade de trabalhar com a minha marca. Para essa iniciativa contei com o apoio do Sebrae durante todo o processo, fiz vários contatos e troquei informações em diversas franquias pelo País.

Antes mesmo do anúncio oficial da Franquia Badulaque, eu já contava com uma lista de empresários interessados em fazer parte dessa história. Os franqueados terão todo um suporte e logística necessários, sempre buscando, capacitando e orientando os clientes para somarem conjuntamente.

Vejo que as pessoas querem um apoio, segurança, um norte, estarem calçadas em um empreendimento que deu certo, por isso, as franquias vêm crescendo muito nesses últimos anos. Com a franquia o empresário recebe todo o suporte necessário do franqueador e todo *know-how* que tem no mercado.

Tenho ainda muitas metas e projetos, como a criação da Maison Inel Classic, oferendo serviço de ótica e joalheria e filiais da Prata e Cia, e minha premissa é vender felicidade, encantamento e sonhos. Para que isso ocorra com excelência, levo energia positiva para as lojas e também comercializo produtos que eu e minha filha Amanda usamos diariamente, pois compramos com muito amor e carinho.

Acredito que fazer o bem ao próximo é uma regra básica para adquirir o sucesso, por isso considero meus colaboradores alguns dos meus clientes mais importantes e busco contribuir na vida deles, porque nosso legado não é o que aprendemos e sim o que ensinamos para as pessoas. Nas empresas costumo proporcionar cursos e contribuir com novos aprendizados, porque os preparo para o mundo, tornando-os meus melhores clientes.

Nessa trajetória, alguns empresários serviram de modelo para mim, entre eles Silvio Santos e Antônio Ermírio de Moraes, que ratificam que muito trabalho e dedicação levam ao sucesso. E meu maior exemplo de liderança está em Jesus Cristo, pois agiu com humildade, benevolência, caridade, piedade e amor ao próximo, qualidades que acredito serem os principais ingredientes para o sucesso de qualquer empresário.

Mas ninguém pode crescer sozinho, todos precisamos uns dos outros e comigo não foi diferente. Meus pais foram meus maiores apoiadores e incentivadores, inclusive meu pai, Bernardo, trabalhou durante 20 anos ao meu lado. Os meus filhos e meu atual esposo, o empresário Cézar Franca Costa, são minha maior fortaleza hoje em dia, são o esteio de onde retiro minhas forças e renovo as energias. Em minha opinião, o empresário precisa saber valorizar a família, porque não adianta ser um herói nas ruas e não ser um herói em casa, é preciso primeiro ser um líder dentro de casa para depois ser um líder do lado de fora.

Tenho diversas atividades além das empresas. Sou membro da Direção da Associação Comercial e Industrial de Campo Grande/MS, onde busco contribuir com o crescimento de novos empresários de diversas formas, inclusive realizando palestras. E para quem pensa em iniciar um empreendimento ou já segue a vida empresarial tenho dicas essenciais: a primeira é nunca esquecer que "o mundo abre caminhos para quem sabe aonde quer chegar".

A pessoa precisa se conhecer, se valorizar, saber o que quer, aprender a traçar metas. Não pode ter medo de errar, tem que ter ousadia e saber que o medo e os problemas virão, mas que sempre haverá forma de corrigi-los ou melhorá-los. Não se importar com o que as pessoas pensam, porque isso pode atrapalhar e muito. Procurar fazer algo que realmente tenha amor em realizar, pois o que é feito com dedicação e carinho não tem como dar errado. A conquista financeira é uma casualidade das conquistas pessoais.

Dois dos pontos mais importantes para mim estão na valorização dos clientes e o investimento no *marketing*. É primordial o empresário "colocar um *chip*" na cabeça das pessoas, para que quando eles pensem no produto se lembrem dele, pois os clientes são os maiores patrões, eles têm que estar satisfeitos com os produtos. E o *marketing* é a mola mestra, pois é ele que vai determinar o tamanho da empresa; se o empresário não investir, a empresa será sempre pequena e se investir ela poderá ser do tamanho que quiser.

Sempre valorizei meus clientes e investi muito em *marketing*. Lembro que quando comecei meu escritório não tinha cadeira para minha funcionária, mas quando ligavam ela logo dizia 'SAC-Serviço de Atendimento ao Cliente", e quem ouvia acreditava que nossa empresa era grande. Dessa forma conseguimos adentrar em oito Estados.

Para mim, o segredo do sucesso está ligado a humildade, humanidade e respeito ao próximo, o empreendedor deve buscar sempre somar, contribuir com quem está a sua volta. Além disso, agir sempre com pensamentos positivos, mesmo diante de experiências desafiadoras, e entregando-se ao máximo em todos seus projetos. Acredito que nós somos do tamanho que queremos ser, se pensarmos ser pequenos ou se pensarmos que somos grandes assim seremos. Devemos acreditar em nós mesmos e somarmos na vida das pessoas. Estarmos focados também em ações sociais, esporte, saúde e sustentabilidade, sempre de olho em um futuro melhor, levando felicidade para as pessoas.

# 8 | Maria Alice Schuch

# A inteligência feminina

## Maria Alice Schuch

Doutora em Ciências da Educação. Empresária, escritora, palestrante e pesquisadora do universo feminino. Especialista em Psicologia com Endereço Ontopsicológico pela Universidade Estatal de São Petersburgo (Rússia) e especialista em Políticas Públicas em Gênero e Raça pela Universidade Federal de Santa Maria – UFSM (Rio Grande do Sul, Brasil). É pós-graduada em Psicopedagogia pela Universidade Castelo Branco (Rio de Janeiro, Brasil), possui MBA Business Intuition pela Antonio Meneghetti Faculdade (Recanto Maestro, RS, Brasil) e MBA La Business Intuition del Made in Italy pela FOIL (Milão, Itália). Além de ser Mestre em Ciencias del Educación pela Universidad Del Mar (Chile) e diretora do IDL – Instituto de Desenvolvimento de Líderes no Rio Grande do Sul. Em 2014 lançou seu primeiro livro, "Mulher, aonde vais? Convém?" e em 2016 publicou "Contos de Alice", pela Editora Leader.

aliceschuch@uol.com.br

> *"Vença! A vida é cheia de lutas e de disputas, mas a essência permanece e precisa ser burilada ao longo da vida. Plante, cante e viva. Realize, no momento presente e com fidelidade ao seu projeto de vida. Faça o que for possível, com responsabilidade. Assuma as conquistas, e os erros também. As conquistas são suas, e os erros são aprendizados, também seus. Lembre-se: a curiosidade não envelhece, experimentar-se é a resposta imediata às circunstâncias."*

## Prazer de viver, prazer de estar realmente bem!

Está desempregada? Acabou a relação? Os filhos cresceram? Minha sugestão é vencer. Veja que a essência permanece e precisa ser burilada ao longo da vida. Desenvolva um estilo pessoal, a ideia é ganhar mais de você! Moderna? Exuberante? Intelectual? Esportiva? Clássica? Cada estilo de inteligência tem um modo, descobri-lo é o desafio.

Estamos sempre em aperfeiçoamento daquilo que somos, daquela semente que somos em desenvolvimento histórico, onde acontecemos. Nessa base também está a editora de moda que protagonizou as revistas "Vogue" e "Harper's Bazaar", Diana Vreeland. Ela sintetiza: "Você deve ter uma noção de prazer e uma noção de disciplina para estar realmente bem. Ter um corpo tratado, viver ocupada e preocupar-se menos. Para ter estilo, viva corretamente e aceite desafios".

Então, pode as folhas velhas – todas – e plante a nova muda com cuidado, aproxime bem a terra para firmá-la, observe e irrigue sempre que necessário for, pois conforme alerta a estilista inglesa Vivienne Westwood "você não tem futuro nem passado".

Antevejo a grande árvore que deita as suas raízes no húmus, solo fértil e úmido que eu preparei, e elas vão se inserindo alegremente... competindo. Vejo então aquelas raízes branquinhas e vigorosas, vetores que buscam espaço com decisão, fixando-se, expandindo-se. Experimente!

Simultaneamente explodem exuberantes as novas folhinhas tenras, macias, flexíveis, que se posicionam nos enormes galhos decididos a tocar o azul do céu infinito!

Novas folhas virão... mais e mais.

Assim imagino o prazer de viver!

### *Live to be... Happy!* Cante a sua canção

Nós, mulheres, somos luz, impulso, inspiração, ativação, porém algumas vezes "não cantamos as nossas canções", ou seja, lançamos mão de estratégias não funcionais ao nosso projeto pessoal. Isso nos deixa apagadas e, consequentemente, na penumbra da sociedade onde estamos inseridas.

Questiona a antropóloga Marcela Lagarde em seu livro "Los cautiverios de las mujeres": "O que seria do mundo se as mulheres pouco a pouco destinassem a elas mesmas parte da força e das energias vitais que dedicam a dar vida aos outros, para obter sua aceitação, seu afeto, sua proteção e seu reconhecimento e com este a sobrevivência? O que aconteceria se a sua energia vital fosse destinada a dar vida, autoestima, segurança, prazer a elas mesmas como gênero e cada mulher a si mesma?"

Constato que muitas de nós vivenciamos um programa comum, sem novidade ou criatividade. Cada uma segue aquele planejamento estabelecido há milênios: hoje é assim, quando crescer fará isto, na maturidade aquilo, ou seja, estamos no século XXI e vivemos inteiramente selecionando personagens e eventos para formalizar um módulo da programação ancestral.

Minha grande alegria é ver as mulheres de hoje despertando para a ocasião de cantar as próprias canções, como pessoa, alma, líder, protagonista no mundo da vida. Para que isso aconteça, precisamos superar com maturidade os papéis sociais. Papel significa rotina, aqueles programas fixos nos quais a sociedade enquadrou historicamente uma mulher.

"A vida é cheia de oportunidades, o importante é se manter atenta e aberta a elas", pontua a empresária e consultora de moda Costanza Pascolato.

Desenvolvendo uma conduta leal e simples em cada pequena atividade no cotidiano da nossa vida, fazendo coisas simples de maneira extraordinária conseguiremos sucesso também nas grandes.

Não é necessário comportar-se de modo pueril, ser falso e sim fazer constantemente ações que nos convêm, que verdadeiramente nos dão prazer, nos agradam e que nos proporcionam crescimento pessoal integral.

No momento histórico em que vivemos é possível a autogestão feminina, isto é, administrar-se, usar a própria inteligência, os momentos mágicos e não é difícil fazê-lo: uma tranquila fidelidade ao que nós somos resolve a vida em alegria.

Brindemos às nossas canções!

### E aquilo que poderíamos fazer e não fazemos?

A psicóloga argentina Clara Coria escreve que postergar o prazer com a intenção de responder a uma imagem idealizada do sacrifício é uma forma de "civilizada mutilação". Seria, segundo a autora, como colocar-se no *freezer* para uma melhor ocasião, que talvez não chegue a apresentar-se porque algum "corte de luz" poderia arruinar as expectativas planejadas.

Conta a autora que certa vez um marido chegou em casa trazendo camarões gigantes recém-pescados e queria comê-los no jantar, porém a mulher decidiu colocá-los no *freezer* para degustá-los em uma ocasião especial, com uma visita... Dias depois, enquanto estavam fora num final de semana houve um corte de energia estragando todo aquele que seria "o manjar dos deuses".

O importante é que tenhamos uma visão realista: toda vez que retardamos uma ação que nos convém a consequência é uma perda pessoal, pois aquilo que poderíamos fazer e não o fazemos amanhã não se sabe se poderá ser feito, temos um dia a mais de descaminho.

Tudo bem, enfrentamos a situação e fazemos outras coisas, porque a vida é dinâmica e não é jamais obstruída, com ou sem o sujeito. Se estamos despertos, somos vida, mas se dormimos a vida são outros e nós não existimos.

Lembra-nos o escritor inglês Aldous Huxley: "Vivemos, agimos e reagimos uns com os outros, mas sempre e em quaisquer circunstâncias existimos a sós".

Não raras vezes acolhemos dinâmicas não coincidentes com o nosso projeto, permitindo ingerências externas. Aceitamos transferências, desvios e por isso perdemos a meta da nossa pulsão. Isso significa permitir que sejam inseridas contracargas que impedem a consecução do fim que almejamos, um descontínuo na nossa unidade de ação.

Se você não é exatamente tão perfeita quanto gostaria, vamos fazer o melhor possível: fidelidade a si mesmo significa coerência ao projeto pessoal, continuamente sustentado e promovido por atividade síncrona, específica. Tomar conta de si mesmo significa agir de modo permanente, ordenado, regular e coordenado ao movimento vital do próprio projeto existencial no ambiente em que vivemos.

E depois, conforme cita a empresária e consultora de moda Costanza Pascolato, poder viver situações de merecido orgulho profissional ao dizer: "Poxa, que legal, tem alguém que me reconhece e sabe o que eu faço!"

## Livrai-me das tentações, mas não hoje!

O escopo deste nosso diálogo é abordarmos a capacidade de análise sobre as individuais responsabilidades existenciais e sociais que cada um de nós tem além da família, da mãe, do pai.

A mítica frase "Senhor, livrai-me das tentações, mas não hoje" é atribuída a Santo Agostinho, personagem nascido no dia 13 de novembro do ano 354, mas torna-se bem atual no nosso dia a dia quando as coisas que desejamos não acontecem e verificamos que estamos agindo de qualquer modo contra nós, precipitando efeitos indesejados.

Muitos de nós sabem o escopo que querem atingir, no entanto, agem de modo a obter resultado diverso, pensando não ser um problema porque de qualquer feito, já tendo visualizado a meta, sabendo o que e como fazer, acreditam não ser importante a ação imediata, esquecendo que as paredes são feitas de tijolos, isto é, das pequenas ações diárias. E ainda que a vida passa, os tijolos foram postos naquele modo, o cimento secou, agora estão endurecidos e toda a realidade se move em consequência de como colocamos as pequenas ações de cada dia, por anos a fio.

O que realmente importa para cada um de nós é centrar a única vida sem perda de tempo: encontrar-se, compreender-se, formar-se e agir. Buscar, com base na inteligência e constituição natural, formar uma identidade útil e funcional a si no ambiente onde vive. Isso significa capacitar-se buscando sempre com alegria o progresso e a realização pessoal.

A curiosidade não envelhece, experimentar-se é a resposta imediata às circunstâncias, adversas ou mesmo providenciais que se encontram.

## O sonho da sultana

A escritora asiática Rokeya Sakhawat Hossain entendia que o empenho para que todas as meninas ascendessem à educação seria passo indispensável para a emancipação das mulheres. Com tal propósito escreveu textos no formato de ensaios, publicados em jornais, sendo que a sua obra mais importante foi "O Sonho da Sultana".

Em alguns momentos, tocadas pela leitura de obras biográficas que vão de Dalila a Cleópatra e tantas outras, cujas vidas foram prematuramente ceifadas, poderíamos fantasiar que, perdedoras na existência histórica, se realizaram em um plano superior místico. Questionamos, porém: por que permaneceram mantendo e alimentando modelos não vencedores para si? Mulheres inteligentes, belas e cultas, como se justifica terem postergado ações vitais? Qual é o escopo de postergar?

Na estratégia de algumas vidas observam-se pegadas de ações que impedem o nascimento da arte perfeita.

Ao contrário, a mulher do século XXI demonstra raro talento e uma contagiante vontade de viver, detesta apegos, é descolada, gosta de renovar usos, alimenta predileções, é antenada. Sabe que hoje somos livres e nos convém vencer, que o importante é empreendermos aqui e agora as nossas lutas e não lutas e guerras de outros que nos são indiferentes, que não têm coincidência, projetos de histórias alheias.

Viver bem é uma escolha, uma atitude diante da vida e tem uma só passagem: evoluir sempre e não pretender mudar os outros. Atitude tem a ver com valorização pessoal, com o desejo, a vontade de fazer o máximo com aquilo que se tem. Colher, se possui inteligência e capacidade, o poder da existência, viver de modo alto e elegante a própria feminilidade, a própria personalidade.

O além se constrói ao transformar a existência histórica em obra original, interativa e em constante movimento. É o sujeito o artífice do seu fazer-se, do seu viver como celebração do excelente.

O "Sonho da Sultana" de Rokeya, relato imaginário sobre um lugar ideal no qual as mulheres detêm o controle sobre a própria vida, torna-se possibilidade real para nós no século XXI.

### Uma mente brilhante: a protagonista.
### Você se considera uma mente brilhante?

Se você é uma mente brilhante, possui os assim chamados dotes de protagonismo, carisma e liderança, isso não significa, por esse fato, que você seja sábia, potente e racional. Um sujeito que possui dotes superiores recebeu mais da vida do que os outros e tem por isso necessidade de um alto exercício crítico de consciência, para responsabilizar-se sobre o seu valor.

Se você se considera uma protagonista, habitue-se a reconhecer as verdades pelos fatos, uma pessoa se reconhece por aquilo que produz. Um protagonista precisa formar-se, capacitar-se para vencer, conquistar o seu espaço, pois vive em relação. Ao autoconstruir-se jamais perca o foco, privando com pessoas ou ambientes não funcionais ao seu escopo de vida.

A protagonista do século XXI é capaz de assimilar informações com surpreendente rapidez. Propõe, troca, faz, desfaz, inventa. Recria seu próprio personagem o tempo inteiro, sedutoramente moderna, possui forte *business appeal,* por isso envolve.

Alguns iniciam do nada e vencem, estas são pessoas livres dentro, exuberantes, inteligências de ponta que abrem estradas, trabalham para si e sua liberdade jamais é maculada pela profissão com a qual se vestem. Atuam à proporção que convém ao processo histórico de síntese evolutiva, e sabem que caso exista a contradição também uma mente brilhante corre o risco de naufragar.

A mulher líder, quando a encontramos, é impossível não vê-la, pois é acima de tudo uma mulher carismática que transmite liberdade, expansão, vida, jamais restrição ou fixação.

A mulher protagonista responsável nasceu para brilhar, a ela acorrem todos, os eventos se sucedem, porém está sempre a salvo com sua economia organizada. Para muitos existem altos e baixos, não para ela, pois é extremamente coerente. São pessoas especiais que jamais recorrem à violência para impor-se: usam a força da razão, jamais a razão da força, seja que atuem no setor privado ou no público.

# 9 | Maria José Martins Maldonado

# Quando a Medicina é o objetivo

## Maria José Martins Maldonado

Médica formada na Universidade Federal de Mato Grosso do Sul em 1986. Fez bacharelado em piano pela Faculdade Carlos Gomes em São Paulo. Especialização em Neuropediatria pela USP-São Paulo e em Eletrencefalografia pela Escola Paulista de Medicina. Possui título de especialista em Pediatria, Neuropediatria e Neurofisiologia Clínica pela AMB. É mestre em Pediatria pela UFMS. Atuou como chefe do Serviço de Pediatria, diretora do Hospital Universitário, membro da Comissão Científica da Sociedade Brasileira de Neurologia Infantil - gestão 2011-2013, membro da Comissão de Ensino e Pesquisa da Sociedade Brasileira de Neurologia Infantil - gestão 2013-2015, vice-presidente da Associação Médica de Mato Grosso do Sul, membro da Comissão Científica da Sociedade Brasileira de Neurologia Infantil - gestão 2015-2017, presidente da Associação Médica de Mato Grosso do Sul - gestão 2014-2017, doutoranda do programa de pós-graduação do Centro-Oeste – UFMS. Criadora e responsável pelo projeto Canta Criança desde 1987.

(67) 98111-6106 / mjmmaldonado@hotmail.com

Sou filha de imigrantes portugueses que chegaram ao Brasil no final dos anos 50 em busca de melhores oportunidades em nossa amada pátria. Eram épocas difíceis em que não existia emprego para todos e havia um estímulo para que estrangeiros imigrassem para nosso país.

Meu pai, José, era um homem simples, criado em uma pequena aldeia chamada Torre de Ervededo, região de Trás os Montes, no norte de Portugal. Não teve muita oportunidade de estudar, mas tinha uma cultura invejável, conversava sobre qualquer assunto e possuía um conhecimento geral impressionante. Adorava política e amava tanto nosso país que se naturalizou para que pudesse votar nas eleições. Dele herdei minha maneira simples de ser e sua enorme alegria, tão espontânea e verdadeira. Aqui em Campo Grande, capital de Mato Grosso do Sul, conheceu minha mãe, Maria Laurinda, passeando pela rua 14 de julho. O destino fez com que, embora tão longe de Portugal, encontrasse uma patrícia e por ela se encantasse.

Minha mãezinha, também de origem humilde, era de uma cidadezinha praiana chamada Vila Praia D'Ancora, da região do Minho. Nunca conheci pessoa mais prestimosa, dona de uma enorme inteligência e uma capacidade de trabalho impressionantes. Dela vêm a minha perseverança, a minha sinceridade, o meu exemplo de caráter e moral.

Casaram-se em final de agosto 1963 e em outubro de 1964 eu nasci. Desde que eu era pequena minha mãezinha comentava que sempre fui alegre, sorria para todos, não estranhava ninguém, não chorava facilmente. Ela me contava algumas histórias sobre minha infância, como uma passagem até engraçada de que, quando eu tinha três aninhos, uma amiga da família estava cursando o Normal e pediu se podia me ensinar para que pudesse praticar seu aprendizado da escola. Lá fui eu... mas ela dizia que eu só fazia as bolinhas se ganhasse bala e chocolate. Ela, muito frustrada e sem jeito, veio dizer à minha mãe que achava que eu não ia gostar muito de estudar... kkk. Fui para a escola aos quatro anos e logo me alfabetizei, galgando outras séries com rapidez pela facilidade que tinha para o estudo. Embora sendo de uma família pobre, tive uma educação primorosa, pois estudei em escola particular, o que era raro naquela época, e muito pequena iniciei meus estudos de piano. Lembro-me tão bem de minhas professoras, minha mãe estudando comigo, decorando as partituras de cabeça, pois eu não tinha piano para estudar e não sei como ela conseguia me ajudar a memorizar as músicas enquanto eu me imaginava executando-as em meu pensamento.

Tive uma infância feliz, não me recordo de nenhuma passagem triste, a não ser algumas vezes em que meus colegas da escola e de piano, que tinham uma realidade econômica muito diferente da minha, me faziam entender as diferenças sociais. Muitas vezes sofria *bulling* por ter um único calçado, uma única camiseta da escola que minha mãe lavava todos os dias e por levar em uma sacolinha meu lanchinho modesto, meu pão e manteiga, que por sinal eu adorava.

Desde muito jovem sempre tive muitas responsabilidades. Aos 11 anos, já ganhava meu sustento administrando ensino dirigido de piano aos alunos de minha professora. Logo comecei a ter meus próprios alunos, a quem administrava aulas particulares e de piano. Aos 12 anos, como era de família muito católica, passei a tocar nas missas e casamentos, o que segui até me formar em Medicina.

A escolha de minha profissão merece um comentário à parte, pois desde muito pequena dizia que seria médica. Interessante que não me lembro de estar doente ou de ir ao pediatra, não tinha contato com nenhum médico ou nenhum parente que fosse minha fonte inspiradora. Minha mãezinha às vezes se preocupava, pois se tratava de um vestibular de muito difícil aprovação e, como não tinha condições financeiras, teria que ser uma faculdade pública.

Apesar da previsão da amiga de mamãe... (rsrsrsrs) sempre fui boa aluna. Como fui e sou muito determinada, em meu último ano do Científico estudei muito, fiz um planejamento de meus estudos, fazia redações diariamente e levava minhas dúvidas para meus professores, que gentilmente corrigiam meus exercícios. E eis que felizmente sai o resultado, obtive sucesso e passo no meu único vestibular para Medicina. Recordo-me da felicidade indescritível que senti, do choro intenso e do abraço apertado e também emocionado de minha mãe e de meu pai.

## Amor

Namoros? Nada.... tudo colocado de lado, minha prioridade era outra, minha faculdade. Iniciei a faculdade aos 16 anos e estava encantada com as aulas de Anatomia, Histologia, enfim, tudo que a universidade proporcionava. Lá iniciei minha vivência médica, o primeiro parto, a primeira morte de um paciente seu, os primeiros agradecimentos, as primeiras frustrações.

Na faculdade encontrei o amor, Guilherme. Ele era meu colega de turma, as mesmas paixões, os mesmos ideais e meu antigo colega do pré-primário. Claro que não lembrávamos um do outro, mas um amigo comum daquela época nos fez recordar... Destino? Coincidência? Não sei... Só sei que nos apaixonamos e nos casamos com um ano e três meses de namoro, no auge de nossa paixão e no início do quarto ano de Medicina. Casamo-nos muito jovens, eu com 19 anos e meu marido com 21.

Logo nossa família aumentou e dei à luz nossa primeira filha, Priscila, quanta emoção senti! Aquele bebê lindo, de olhos azuis, que me encantou. Mas não foi fácil... dar conta dos cuidados da minha filhinha, cuidar de minha casa - detalhe: eu não tinha experiência -, trabalhar, dar atenção ao meu marido e estudar Medicina... Socorro!! Tinha dias em que eu achava que não conseguiria. Como sempre, tive o apoio de minha família: minha mãe e minha sogra revezavam os cuidados com Priscilinha, eu estudava à noite, nas madrugadas e finais de semana e assim fomos vencendo as dificuldades. Já no final do quarto ano pensei em trancar minha faculdade, pois devido ao parto perdi um estágio inteiro da faculdade. O estágio de Cardiologia era muito difícil, e as avaliações muito extensas, nenhum dos alunos havia alcançado boas notas, e eu iria para exame com a matéria do ano inteiro. Julguei que não conseguiria e estava decidida a trancar a faculdade, mas Gui não permitiu, disse que tínhamos iniciado juntos a faculdade e terminaríamos juntos. Que eu não desanimasse, ele me ajudaria.

E assim foi, todo momento que podíamos estávamos estudando Cardiologia. Quando saiu o resultado, vimos que tiramos as maiores notas do estágio de toda a turma e mais... devido ao meu extremo esforço de nunca ter faltado apesar das dificuldades de ser mãe, ganhei a maior nota dos estágios práticos e não precisei ir a exame. Fiquei muito feliz por meu marido ter ficado ao meu lado, serei eternamente grata a ele.

Continuamos nossa vida e nossa faculdade, como era prazeroso a cada dia descobrir patologias novas, tratamentos, novos conhecimentos. Em paralelo nossa vida seguia tranquila, tínhamos uma vida simples, mas estávamos sempre juntinhos e felizes. Mas a vida não era fácil, enfrentávamos muita dificuldade e incompreensões por parte de professores e colegas. Muitas vezes me sentia muito injustiçada por más interpretações, intrigas de colegas, fofocas para tentar me eliminar de disputas de estágios, enfim problemas que tive que aprender a administrar.

Chegou a época da formatura e estávamos em meio aos preparativos, e em paralelo estudando para as provas de residência médica que logo enfrentaríamos. Mas surge mais uma dificuldade... mulher, casada e já com filhos era sempre preterida em qualquer concurso de residência médica. Fui para a minha formatura arrasada e desconsolada.

No ano seguinte vieram as provas de residência médica, e lá fomos nós. Passava nas teóricas e quando ia para entrevista era reprovada. Em uma de minhas entrevistas, composta somente de pediatras homens, cheguei a ouvir se não achava que ser casada iria me prejudicar e que seria uma péssima residente. E tudo caminhava para o insucesso, até que aconteceu o improvável, duas desistências na prova de residência médica de minha cidade, e a tão sonhada vaga para me tornar uma pediatra.

Graças a Deus deu certo, eu e Guilherme na mesma instituição fazendo a especialização. Iniciei minha vida de médica residente... Como foi difícil adquirir o ritmo da Pediatria, meu Deus! Chegava às sete horas no hospital, não ia almoçar, saía às dez da noite. A rotina de trabalho era dura. Mas adorava ver a melhora das crianças, poder servir, era muito bom! E mais: provei que uma mulher casada, com filho dava conta muito bem de suas obrigações, e com minha dedicação adquiri o respeito de meus colegas e professores.

Minha filhinha acabou sacrificada nessa época, a psicóloga da escola mandou me chamar e me contou um episódio ocorrido na sala de aula. Um dia a professora fez uma rodinha com as crianças e perguntou o que elas queriam ser quando crescessem, e minha filha geninha diz que ela queria ser médica igual à mãe e o pai, mas como médica não tinha tempo de ficar com os filhinhos, ela resolveu ser professora. Pense no quanto chorei, realmente não era fácil.

Passado um ano outra dificuldade, meu marido foi para São Paulo iniciar outra residência médica e ficamos longe por um ano. Ao final de minha residência em Pediatria resolvi fazer a especialização em Neurologia infantil e fui para São Paulo encontrá-lo. Nos primeiros meses foi difícil, pois embora estivesse junto com meu marido, frequentando a especialização na USP (Universidade de São Paulo), sentia muita saudade de minha filhinha que tive de deixar com minha mãe e sogra devido a questões econômicas. Mas assim que me organizei fui buscá-la para ficarmos juntinhos novamente.

Adaptados em São Paulo veio a grande dúvida: voltar para Campo Grande ou ficar? Chegava o momento de decidirmos, tanto Gui quanto eu tínhamos boas propostas de trabalho e convite para realização de Mestrado. Mas desta vez quem decidiu foi Priscilinha, pois chorava que queria voltar para perto das avós e que tinha muitas saudades de todos. Então decidimos que voltaríamos para nossa cidade.

O início de vida em Campo Grande foi também um pouco difícil, tínhamos juntado algum dinheiro em São Paulo para começarmos nossa vida profissional, mas não era muito. Guilherme se alistou na Aeronáutica e assim ele tinha seu primeiro emprego para sustentar nossa família. Ficamos envolvidos com os preparativos para abrir o consultório e havíamos decidido ter nosso segundo filho. Priscilinha já tinha oito anos, era muito sozinha, a vida profissional estava iniciando e eu tinha um pouco mais de tempo. Em julho de 1992 engravidei e abrimos o consultório. Fui convidada para trabalhar na APAE (Associação de Pais e Amigos dos Excepcionais) por uma colega médica e fiz o concurso para ingressar no corpo clínico da Santa Casa.

Comecei meu trabalho como neuropediatra na cidade de Campo Grande, o que não foi uma tarefa muito fácil, já que se tratava de uma especialidade nova no País. Foi uma época em que os casos de meningites e encefalites eram muito frequentes. Não sei quantas vezes meus colegas e amigos me aconselhavam para me afastar do hospital, pois o risco de contaminação era muito alto. Mas isso nunca aconteceu, nunca tive medo ou receio, e sempre respondia: "Se é para eu cuidar, Deus há de me proteger". E, em meio às patologias graves, e minha correria do dia a dia, meu bebê se desenvolvia em meu útero, forte e saudável. Dei à luz um menino forte e de olhos verdes, a quem demos o nome de Diogo. Quando meu filho estava com oito meses, fui convidada a ingressar no quadro clínico do Hospital Universitário. Fui contratada e iniciei minhas atividades dentro do hospital, que era um pouco diferente, pois além da assistência tinha a questão acadêmica e colaboração na preceptoria da residência médica. Porém, continuei atendendo meus pacientes na Santa Casa, na APAE e no consultório.

Engravidei em seguida de minha última filha, apesar do método contraceptivo e amamentação. Claro que eu tinha de ser muito disciplinada para dar conta de todas as minhas obrigações, mas quem me conhece sabe que adoro o trabalho e tenho um temperamento mais agitado, então dava conta de tudo tranquilamente.

Em meio a todas as minhas atividades, uma nova Maria José foi surgindo. Em minha especialidade, sempre atendi e cuidei de crianças portadoras de necessidades especiais, como aquelas com paralisia cerebral, deficientes intelectuais, autistas e com o tempo percebi que além de cuidar como médica eu tinha também que defendê-los do preconceito, da falta de medicamentos, carência de profissionais, dificuldade de internação e vagas para tratamentos reabilitadores. Sempre foi complicado para mim ouvir: "Por que gastar com pacientes que não têm prognóstico? Não vale a pena... Como uma mulher tão bonita pode cuidar de crianças tão feias"... Aqueles questionamentos muito me incomodavam, como as pessoas podiam falar aquilo? Onde estava o lado humano? Aprendi a lutar, fazer exaustivos laudos, ia para audiências públicas, ensinava pais a lutarem por suas crianças, fui testemunha técnica de inúmeros processos, muitas vezes tive de defender meus pacientes de suas próprias famílias, que algumas vezes eram negligentes com elas. Mas sempre tive orgulho do fato de que meus pacientes tiveram o atendimento necessário para seu desenvolvimento. Claro que no meio desse caminho não obtive somente sucessos, tive muitas frustrações e arrumava também muita confusão.

Finalmente dei à luz à minha caçulinha, Bianca. Segui minha vida profissional, cada vez mais atribulada. Até que meu marido resolve fazer concurso e ter um emprego, pois o vínculo com a Base Aérea findaria em pouco tempo. Então eis que ele passa em um concurso nacional e é locado na cidade de Macapá, no Amapá. Como foram difíceis aqueles dias. A mudança dele para a cidade de Macapá, mudança de casa, sozinha com três filhos, além do Mestrado que a essa altura eu havia iniciado. Enfim, juro... pensei que adoeceria. Mas devagarzinho tudo se ajeitou e, graças ao bom Deus, sobrevivi.

A essa altura minha filhinha mais velha já havia definido cursar Medicina. Lembra daquela menininha que disse que as médicas não tinham tempo para os filhinhos? Pois é... acho que o exemplo foi maior e com isso todos os esforços se voltaram para ela, até que veio a notícia. Minha Priscilinha é aprovada no vestibular na Universidade Federal, seria médica também. Extrema sensação de felicidade invadiu nossos corações.

Ah! E para minha alegria meus filhos caçulas também escolheram ser médicos, Diogo se formou em 2016 e Bianca se formará em 2018. Já viram que sou uma mãe normal, babona e apaixonada pelos filhotes.

## *Hobbies*

Falando em *hobbies*, os meus foram muitos, pois sempre amei tudo que era relacionado às artes, pintura de tela, artesanato, bordado, tricô, crochê, pátina (pintei meus móveis de casa), cuidados com meu jardim, enfim tudo que enchesse minhas horas.

Ah! Não posso me esquecer de minha outra paixão, a música, formada em Bacharelado em Piano pela Faculdade Carlos Gomes em São Paulo em 1985, uma coleção de prêmios em concursos de piano, integrante e muitas vezes solista da Orquestra Clássica de Mato Grosso do Sul durante 23 anos e, claro, meu trabalho voluntário com musicalização e canto coral com crianças há mais de 30 anos. A música sempre foi para mim não só um *hobbie*, mas parte de minha essência. Era no piano que eu encontrava a paz e o equilíbrio.

## Liderança

Sinceramente nunca pensei em assumir um cargo de liderança, mas comecei a perceber que em todos os meios de que eu participava quando via estava à frente das ações. Muitas vezes mal interpretada, me chamavam de "Zezé Aparecida". Mas eu não ligava, pois depois todos entendiam e agradeciam a colaboração.

A vida foi passando e em meio às minhas atribulações fui assumindo cargos e novas funções profissionais: conselheira fiscal da Unimed em 2008, Comissão de Ética do Hospital Universitário em 2011, vice-presidente da Associação Médica em 2011, chefe da Pediatria em 2012 e finalmente a mais desafiadora de todas, diretora do Hospital Universitário.

Minha profissão sempre foi para mim um grande prazer, de onde sempre tirei, além de minha família, a minha força de viver. Podia estar cansada como fosse, após atender meus pacientes estava inteiramente renovada.

## Sonhos

Quanto aos sonhos, claro que sempre desejei ter uma vida melhor, constituir minha família com marido e filhos, ser médica, ter sucesso profissional, fazer viagens maravilhosas, ter meu carro, uma casa própria. Mas sempre tive um sentimento muito diferente em relação às outras pessoas, tudo que eu fazia ou o que adquiria só tinha sentido se eu pudesse compartilhar com as pessoas. Embora hoje eu possa dizer que realizei todos os meus sonhos pessoais, ainda tenho a grande esperança de um mundo melhor para todos, com muita paz, menos diferenças, e cada vez mais penso em ajudar outras pessoas.

Novos desafios se desenham à minha frente, agora por exemplo me preparo para a segunda gestão como presidente da Associação Médica de Mato Grosso do Sul e diretora Acadêmica da Associação Médica Brasileira. Tenho me dedicado muito ao meu doutorado que pretendo terminar até o final do ano de 2018. E estou aberta para novos desafios que surgirem.

## Superação

Acredito que esta seja a palavra de ordem em minha vida. Sempre enfrentei muitas dificuldades financeiras e pessoais, mas nunca desisti. As frustrações sempre ocorreram em todos os momentos de minha vida, na formação acadêmica, no casamento, na família, na profissão, com os pacientes, nos trabalhos voluntários, nos cargos, enfim em tudo... Porém nunca desisti de algo que eu desejava, sempre lutei até vencer. Não sei se com a idade eu irei me acomodar, mas acredito que não, penso que a **luta** seja minha motivação para me manter sempre bem. E acreditem: eu sempre venço e conquisto o que desejo! Mas não confundam com arrogância por favor, eu usaria o termo "determinação".

Uma vez, em uma das inúmeras palestras que assisti, o palestrante disse que o bom não é obter algo, mas o caminho que se percorre para alcançá-lo. E é a pura verdade.

Dicas

Permitam-me aqui dar algumas dicas que sempre usei em minha vida:

- Ame sua família e seu trabalho!
- Tenha muita perseverança, a maioria das ações não se concretiza sem vários insucessos.
- Não tenha medo de nada. Arrisque-se em novos projetos.
- Equilíbrio é importante em tudo que você faz, então tire alguns momentos para reflexão e colocar a vida em ordem. Faça uma boa viagem, por exemplo.
- Cumpra sempre o que prometer. A confiança é a maior qualidade para o sucesso.
- Interpretações erradas sempre acontecerão. Por isso haja sempre com ética e respeito, as pessoas reconhecerão e mudarão suas atitudes.

Liderança Feminina

# 10
Mariangela Gemignani Carneiro

# Pelo caminho do amor

## Mariangela Gemignani Carneiro

Terapeuta Floral com formação pelos sistemas:
•Bach, ministrado por Marly Garcia Gemignani, Aguinailda Maria Rosa e Mônica Cervini;

•Filhas de Gaia, pela pesquisadora e cocriadora do sistema, Maria Grillo;

•Saint Germain, pela pesquisadora Ana Galvão;

•Florais de Minas, pela pesquisadora Ednamara Vasconcelos e Breno Marques da Silva.

Possui Licenciatura em Letras - Português/Inglês – pela Universidade Ibirapuera; curso completo de Inglês Nível FCE pela Cultura Inglesa; professora de educação infantil, com curso profissionalizante de Magistério pelo Colégio Franciscano Nossa Senhora Aparecida; cursos Evangélico, Mediúnico, Gênese e para dirigentes de trabalho da doutrina espírita pela Seara Bendita Instituição Espírita.

(11) 99646-0904 / (11) 5565-2067
mariangelagc@globo.com

Desde a infância, me via como uma criança inquieta, curiosa e muito atenta a tudo ao meu redor. Essa visão não vinha apenas de dentro de mim, mas cresci ouvindo das pessoas que conviviam comigo. Sabe aquela coisa da Psicologia... VOCÊ É O QUE OS OUTROS DIZEM QUE É!?!

Uma garotinha muito bonitinha, arisca, esperta, muitas vezes terrível, eram esses os meus predicados que faziam reconhecer a minha personalidade.

E com essa personalidade segui a minha vida...

Sempre estive em busca de novos caminhos, de conhecimentos e aprendizados. Uma força interna pulsando dentro de mim querendo sempre mais. Isso tudo foi me impulsionando para frente. Atualmente, compreendo que ansiedade nem sempre é prejudicial. A ansiedade, assim como todos os nossos sentimentos, na medida certa e equilibrada, nos faz muito bem, nos leva adiante, nos proporciona o progresso e, principalmente, a nossa evolução e desenvolvimento.

A busca de realizações e conquistas é algo inerente ao ser humano. Acredito que todos nós necessitamos, de alguma forma, nos sentirmos satisfeitos e realizados todos os dias. E assim foi sempre para mim.

Na minha adolescência, buscava estar realizada nos propósitos de uma jovem da época, ter alguém para se amar e ser amada. Sentir algo vivo no meu coração, sim, parece que seria melhor ter alguém para viver preenchendo minha vida com esse tão nobre e lindo sentimento, O AMOR. Assim, tive alguns namoradinhos de adolescente, mas o verdadeiro amor e principal foi meu marido, que conheci aos 14 anos. Separamo-nos algumas vezes ao longo do namoro, mas, aos meus 23 anos, nos casamos.

Paralelamente, tinha outras aspirações, em vários segmentos de minha vida, dentre eles, cuidar da minha religiosidade. Filha de pais católicos, neta e sobrinha de espíritas, o cunho religioso estava na pauta das minhas aspirações. Além disso, me formei no Magistério em um colégio católico só para meninas, tradicional da minha família.

Ser professora foi uma das minhas realizações. Tinha muita vontade de me relacionar e trocar conhecimentos com o outro, especialmente as crianças. Estas sempre me atraíram muito, com elas reconheço a veracidade e autenticidade do ser humano. As crianças me encantam pela sede de aprender, de conhecer e de acreditar em tudo o que o mundo lhes apresenta. Dessa forma, trabalhar com as crianças foi algo encantador para mim. Elas não necessitam usar as máscaras que camuflam a verdadeira personalidade de um indivíduo.

Iniciei minhas atividades na educação infantil como estagiária enquanto cursava o segundo ano do Magistério e assim trabalhei nesta função até o quarto ano. Nesse momento, fui convidada a assumir uma classe de Jardim II em uma outra escola de educação infantil. Foi uma experiência muito gratificante para mim, afinal tinha nas mãos de fato a linda tarefa da educação como profissão! Assim, segui essa carreira por mais cinco anos.

Nesse período, existia dentro de mim uma inconstância de sentimentos e objetivos. Muitas indagações femininas. Qual seria a minha verdadeira carreira? Como poderia me realizar como profissional e, seguindo os meus conceitos de família, ser um dia uma boa esposa e mãe ao mesmo tempo? Qual seria para mim o caminho mais adequado para me sentir satisfeita e deixar aqueles que me cercam satisfeitos também? Sim, o OUTRO, o outro sempre foi PARA MIM de grande valia. Família de italianos tem essa característica, parece que sempre se preocupa em agradar a todos, mesmo que se sacrifique um pouco. Não sei se isso é verdadeiro e bom, talvez não com tanta intensidade, mas era essa visão que tinha. Como seguir O MELHOR CAMINHO? O caminho PERFEITO? Será que ele existe? Atualmente, acredito que não, nenhum caminho é perfeito. Dizem que perfeição é coisa de virginiana, então me encaixaria neste aspecto também. Mas, de verdade, PERFEIÇÃO para mim é coisa divina. Atualmente, acredito que não exista certo e errado, tudo é questão de escolha, escolha de caminhos, e todo caminho possui flores e espinhos. Toda escolha presume renúncias e aquisições. Cada pessoa escolhe aquilo que é mais apropriado e conveniente. Acredito que o melhor caminho seja aquele com o qual o coração se sente mais em paz e feliz.

Mais tarde, me especializei no Inglês e, de professora de educação infantil regular, passei a dar aulas de Inglês para crianças e jovens em escolas especializadas. Foi maravilhoso! Adorava o que fazia! Muito realizador e gratificante todos os dias para mim. Essa profissão executei vigorosamente até cinco dias antes de a minha primeira filha nascer. Daniella foi a minha primogênita, minha princesa. Uma delícia estar na condição de mãe. Tudo era novo: rotina, execução de tarefas, possibilidades de aprendizado, amadurecimento, enfim, momentos que a vida me trouxe e eram diferentes e muito gratificantes. Afinal, era isso que fazia parte de mim. E eu curtia muito tudo isso. Sempre gostei de vida dinâmica, ativa, e diferente a cada dia. Minha rotina de professora mudou completamente.

Meu foco de SER MÃE não parou com a Dani, ou Danica, como gosto muito de chamá-la desde que nasceu. Quando Daniella tinha dez meses apenas, soube que estava esperando um outro presente da vida, Matheus, meu caçula. Nossa! Quanta alegria. Todos nós curtimos muito a sua chegada. Logo que Matheus nasceu, me vi mãe de quase gêmeos. Imagine, dois pequenos "seres" muito dependentes para tudo! Desde o amanhecer uma rotina bem intensa: duas mamadeiras, duas trocas de fraldas, dois banhos, duas papinhas, eram atividades a serem executadas duplamente. Uma rotina pra lá de intensa e muito deliciosa, afinal, criança era a minha "praia". Desejei muito curti-los a cada momento. O cansaço no final do dia existia, é claro, mas não me faltava vontade de estar com eles e trazer-lhes uma infância feliz e muito dinâmica. Adorava contar histórias, levá-los ao parquinho do prédio onde morávamos, às aulas de *ballet* e judô, brincadeiras com massinha e tinta guache, cinema com os priminhos, enfim, aproveitando tudo o que podia com eles. Combinado com meu marido, sempre muito parceiro, não voltaria a trabalhar, pois escolhemos que as crianças seriam criadas por mim. Confesso que era realmente o que desejava, criar as crianças e estar perto delas sempre. Participar ativamente nos primeiros anos de vida, acreditava que seria extremamente importante para eles e para mim. Naquele momento estava tendo a oportunidade de trabalhar com as "minhas" crianças e até mesmo oferecer a eles uma rotina deliciosa. E assim fizemos até que eles foram para a escola meio período, quando eu voltei a dar algumas aulas.

Minha atividade profissional recomeçou nesse período. Mas eram muito poucas aulas. Realmente, recomecei de forma tranquila, pois era desta forma que conseguia executar as múltiplas tarefas de uma mulher moderna. MULHER MODERNA, isso era algo que me causava muita ansiedade e conflito interno, pois a sociedade já exigia muitas atividades da mulher. Sem muita maturidade, havia muita autocobrança da minha parte: COMO PODERIA SER UMA MÃE EXEMPLAR E, AO MESMO TEMPO, ATENDER A TANTAS DEMANDAS DE UMA MULHER PERFEITA? COMO PODERIA ME REALIZAR PROFISSIONALMENTE E SENTIR-ME plena, sem culpa, sem peso, sem qualquer tipo de cobrança pessoal? Resolvi então, com muito incentivo de meus filhos, e principalmente, mais uma vez, do meu marido, voltar à universidade e obter graduação em Letras. Com isso, poderia entrar no mercado de trabalho com mais especialização e formação. Foi mais um momento maravilhoso no meu percurso de conquistas, determinação e garra. Contudo, os sentimentos confusos, ansiosos para trilhar o MELHOR CAMINHO, dar O MELHOR DE MIM em tudo, permaneciam fortes no meu interior. Daí, como comprova a medicina psicossomática, o meu corpo respondia com as inúmeras enxaquecas decorrentes em minha vida. O autoconhecimento e as filosofias religiosas sempre foram intrigantes para mim. Um caminho que, paralelamente, trazia muitas respostas às minhas perguntas e que desde sempre sentia vontade de percorrer e explorar.

Nessa época, já me considerava como espírita kardecista. Iniciei meus conhecimentos nessa doutrina por meio de orações, na prática do evangelho. Aos meus 20 anos, aproximadamente, em um período de férias de verão, de momento em momento durante o dia, me reunia com minha madrinha de crisma e minha mestra, a tia Théo, e com a minha prima, irmã de alma e coração, Solange, ou Sossinha (como carinhosamente a chamo até hoje), para vibrarmos para uma criança da família que necessitava de muitas orações e vibrações de luz. Dessa forma, as minhas indagações e questões foram sendo respondidas de forma surpreendente, pois eram questões intrínsecas. Isso me despertou para o início de um novo caminho a desbravar. Os fenômenos do espiritismo não eram desconhecidos para mim, conhecia algo como incorporação, mediunidade, reencarnação, mas da parte teórica ou doutrinária não tinha a menor ideia. E desejei muito conhecer tudo o que pudesse sobre este assunto. Fui me reconhecendo nesse caminho cada vez mais. Ao longo dos anos, fiz cursos, assisti a inúmeras palestras e, atualmente, com muito AMOR NO CORAÇÃO, trabalho e frequento uma casa espírita em São Paulo. Para mim, a Seara Bendita é o meu segundo lar.

Nesse caminho de busca interior, o CURA–TE A TI MESMO, **posso dizer com a força do meu coração que consegui me curar de muitas dificuldades que percorri dentro e fora de mim mesma**. Insegurança, medo, perfeccionismo (como uma boa virginiana que sou), provar para o mundo que seria a melhor em tudo que fizesse eram aspectos que me levaram a constantes desafios, dificuldades e adversidades. Estive sempre em busca desse caminho, pois nele acreditava com muita FÉ, sempre acreditei na **autocura**. É o processo em que tive a constatação, por inúmeras vezes, de que não sabemos muita coisa, ou melhor, sabemos de quase nada. O caminho do autoconhecimento nos apresenta a LUZ e a SOMBRA de nós mesmos. Isso eu também aprendi vivenciando uma experiência única em um treinamento transpessoal. Foi mágico, lindo e divisor de águas na minha vida. Esse treinamento de liderança pessoal, *Leader Training (LT)*, descortinou a vida para mim. Passei a ver a mim mesma e ao outro com os olhos mais cheios de compaixão e amor. Depois, a vida foi me oferecendo a linda tarefa de levar outras pessoas de relacionamento muito estreito, como meus pais, minhas irmãs e minha filha, a esse treinamento também. Nesses momentos consolidou-se mais ainda para mim o nosso lindo compromisso de amor desta vida, de nos iluminarmos, mas também de trazer a luz em outros corações.

Eu acreditava e acredito que, se quisermos nos curar de verdade, deixarmos de lado as mazelas que carregamos dentro da nossa personalidade, não basta medicação, médicos da Terra ou do espaço, tudo isso pode servir de coadjuvante, mas o caminho é NOSSO. A INTUIÇÃO feminina, o mundo invisível ligado aos sentimentos, ao coração, sensações e percepções, sempre falou muito mais alto dentro de mim. Atualmente, tenho a certeza de que se abrir para a nossa SENSIBILIDADE, e a tudo o que nos rodeia, é essencial para que possamos chegar com maturidade emocional à serenidade que tanto precisamos e que, particularmente, busquei por muitos e muitos anos para mim.

A doutrina espírita me mostrou o caminho, mas o seu desbravamento e a sua exploração couberam a mim fazer. Parecia que meu coração pedia mais e mais, talvez o que SRI PREM BABA chama de O PROPÓSITO. Um livro com este nome, que recebi de presente, intuitivamente da minha estimada cunhada, em um período muito difícil na minha vida. Sinto que essa linda obra veio ao meu encontro justamente para mais um convite à emancipação de mim mesma.

Nesse momento, estava casada há um pouco mais de 25 anos. Sempre fomos muito felizes, muito parceiros, reconhecidos por alguns como "casal modelo", tipo conto de fadas. Confesso que para mim parecia ser mesmo. Existia uma fusão tão significativa e muito forte em nossa relação que parecia não sermos pessoas únicas. Isso, talvez, no meu ponto de vista, trouxe um conflito ao nosso relacionamento. Com essa intensa crise conjugal, compreendi e interpretei que cada um de nós possui um determinado e diferente propósito, e que quando temos um parceiro podemos trilhar a mesma estrada, mas cada qual buscando e realizando seus sonhos, propósitos e satisfações próprias. Afinal, somos seres individuais caminhando juntos. Nesse difícil momento, foi a vida me chamando de volta para mim mesma, novamente. Seguir a minha PRÓPRIA VIDA, MEU PRÓRIO CAMINHO, independentemente de qualquer pessoa ao meu redor, independentemente do caminho daqueles que amava e que me dispunha a compartilhar. Era, mais uma vez, minha alma e meu coração que clamavam intensamente, dia após dia, para mais um degrau do meu processo evolutivo. Tenho enorme gratidão por tantas filosofias com que de alguma forma tive contato, especialmente nos momentos de aprendizados e adversidades. Confesso que foram várias, como: Seicho-No-Ie, Messiânica, Budismo, Xamanismo, Umbanda, Kardecismo e até mesmo, e talvez principalmente, o Catolicismo, minha religião por formação. Concluí que todas são caminhos que nos levam em direção à nossa principal fonte de sabedoria, serenidade e engrandecimento: Deus. Seguindo a concepção de Deus, cada pessoa estabelece e o reconhece com um determinado nome, eu o nomeio desta forma. ELE é a fonte de AMOR, que pulsa dentro de nós, pedindo alimento a todo nosso movimento. Constatei que é onde podemos, por meio de inúmeras práticas, nos reconectar e abastecer nossa energia vital. Para alguns podem ser apenas uma fé cega. Sim, pode ser cega aos olhos humanos, apesar de a natureza nos apresentar seu PODER, sua BELEZA e INFINITUDE, mas muito explícita aos olhos da alma, do coração.

Portanto, minha conclusão é que, para a realização e a liderança de si próprio, significa resgatar e despertar do sonho da separação criado pelo ego, e voltarmos à percepção da Unidade. É um movimento que nos leva ao nosso sucesso, à liderança de nós mesmos, retomando a própria essência amorosa que reside em cada um de nós. É como um rio que se funde ao mar, a consciência humana se funde na consciência divina e, consequentemente, nos sentimos empoderados e muito fortalecidos. Como nos coloca Sri Prem Baba, a consciência é única. Faz parte do aprendizado da alma humana acreditar que é apenas uma gota, mas na verdade é o próprio oceano. Sem amor, não há expansão da consciência, e com a expansão da consciência iluminamos o nosso campo de visão. Todos os males e limitações deste mundo existem por conta do amor adormecido em nós. Quando esse amor desperta dentro de nós, a nossa força e capacidade de liderança vão revelando o nosso propósito. Afinal, o amor real é desinteressado e não dita condições pelos caprichos e desejos do ego. O amor real simplesmente ama, independe do amor do outro para existir.

**Pelo caminho do amor**, me tornei terapeuta floral. Atividade maravilhosa com que continuo iluminando a mim mesma, mas, principalmente, busco iluminar outros corações. Reconheço aqui, muito feliz, que este é o meu PROPÓSITO! Agradecida a muitas pessoas que de alguma forma me auxiliaram neste processo profissional, como minha irmã Marly, psicóloga, minha mestra nos florais e parceira de consultório, mas também àquelas que me auxiliaram muito, na minha transição pessoal. Resgatei, por esse caminho, minha liderança feminina e meu poder pessoal no auge de uma crise inimaginável um dia para mim. Minha sensação é de plenitude, de completude e felicidade.

Finalizo com a citação de uma mulher admirável e referência de sabedoria feminina:

> *"Para ajudar a iluminar o mundo, precisamos tentar primeiro iluminar a nós mesmos, quem sabe aqui comece a sua jornada."*
> *(Bruna Lombardi)*

Liderança Feminina

# 11 | Marta Albuquerque

# Hormônios

## Marta Albuquerque

Mulher, mãe, avó, amante, filha, irmã, empresária, amiga dos amigos, adversária ferrenha dos meus desafetos e agora trilhando o caminho para ser uma escritora. Tem a idade que quiserem lhe dar, pois já nem ela mesma sabe. Com duas faculdades inacabadas, uma aos 18 (Direito), para formação de uma família, a outra muito depois (Comunicação e Marketing). Agropecuarista, ex-proprietária de revista, mas sem se desligar da comunicação. Possui inúmeros certificados de cursos nas mais diversas áreas. Administração, karatê, oratória, Reforço de mente e personalidade, leitura dinâmica, liderança, RH, pintura em tela (vale?), organização e um cem número de títulos de reconhecimento como Empresária do Ano... Já costurou feridas com linha e agulha de costurar pano, já benzeu sem ao menos lembrar-se da oração, já socorreu gente ferida a bala de revólver, rasgada dos dentes de porco do mato e foi parteira. Tem tantos livros que não consegue contá-los. Mas o que conhece melhor é de viver, de rasgar a alma e costurar em pontos tão bem cuidados que quase não fica cicatriz. Descobriu sua profissão principal: cirurgiã plástica da própria vida.

(67) 99999-2189 / martamalbuquerque@gmail.com

Eu estava lá naquele quarto com minha mãe. Só eu e ela. Meu corpo pequeno e esguio tenso e trêmulo, as lágrimas escorriam e borravam minha maquiagem bem feita. O véu que acompanhava minha grinalda imaculadamente branco fazia jus a minha virgindade e pureza dos 18 anos que até há pouco tempo brincava de boneca. Mas os hormônios... ahhhh os benditos hormônios.

Comecei a sonhar com príncipes e camas. Porém só poderia se tivesse a aliança no dedo esquerdo. Mas agora, naquele momento eu estava desistindo deles (os hormônios). Eu queria meu pai. Aquele que me livraria de tudo que aconteceu depois e que vem a seguir.

É obvio que ele não foi chamado, é claro que não tive coragem de dizer "não" no altar, é óbvio que minha vida toda mudou depois daí. Esse foi o marco zero.

O que pensei ser uma lua-de-mel foi um quase estupro não pela violência, mas pelo desconhecimento. Sangrar era um prêmio, um troféu que quase foi pendurado na sacada da janela como prova de intocada. E depois... eu não mais interessava. Eu era a esposa, a Virgem Imaculada que era preservada para quando as prostitutas estivessem longe demais para a preguiça do macho.

Pensam que desisti? Não! Eu era filha do meu pai, eu aprendi desde muito cedo a honrar os compromissos assumidos e ser digna deles.

Para meu marido eu tinha a cintura fina demais, a bunda grande demais, os seios grandes demais, eu era molhada demais, ahhh (malditos hormônios traidores)... eu era sempre demais.

E hoje eu acredito: eu sou demais.

Pensei então: "É assim que funciona? Ok. Preciso de você para formar minha família. Terei quatro filhos e te usarei para isso". E assim fiz. Engravidei oito meses depois do meu primeiro bebê. Tudo correu normalmente e decidi que ele nasceria na fazenda onde eu morava.

Eu falava com minha barriga: "Você nascerá aqui, comigo. Eu vou te receber, meu filho, só nós dois. Você será a minha força e eu a sua. Sou forte e sadia, a natureza faz parte do meu *habitat* natural e não foi à toa que abandonei a faculdade para vir para o meio do mato te conceber e te parir".

Mas ao aproximar-se do dia do parto meu marido e amo colocou-me na camionete e levou-me para a casa da minha mãe na cidade (cinco dias antes). Entrei em trabalho de parto, fiquei 16 horas e meia tentando pari-lo de forma natural e só aceitei a cesárea quando a médica me disse que ele já estava sofrendo pela minha teimosia e que ele não nasceria naturalmente. Cedi e ele veio, e era Dia das Mães. Foi o melhor presente que recebi. Era lindo, perfeito e inchado.

Por vários motivos que contarei em outra ocasião, eu não poderia engravidar antes de passados três anos. Oito meses depois eu estava grávida do meu segundo filho. Gravidez sofrida e gorda, 33kg a mais. Cirurgia marcada. Não poderia ter nenhuma mínima contração. Corria risco de estourar. Acho que de gorda, hehehe.

Eu vi todo o nascimento dele. Gordinho, musculoso, cabelo preto e com fome. Quando colocado no meu colo sugou a mãozinha e estourou uma veia que lhe custou uma mancha roxa. Não poderia engravidar agora antes de cinco anos, meu útero era um pano velho e frágil. Como a irresponsabilidade e a vontade férrea de uma mulher fazem dela outro ser, um ano depois eu estava grávida do meu terceiro bebê para desespero da minha médica, e para minha inteira felicidade. Descobri minha gravidez quando fazia sabão de soda em um grande tacho de ferro. Provava o ponto colocando uma pitada na língua, e isso me deu enjoo. Estava maravilhosamente buxuda.

Dois dias depois comecei a sangrar. Fui para a cidade para não mais retornar. Foram sete meses de idas e vindas. Hospital, casa, casa, hospital... e a cada hemorragia eles diziam: "Você perdeu o feto". E eu pensava: "Fica aí, filho, você não está pronto". E ele ficava, seu coraçãozinho batia forte e eu sorria internamente. Eles todos não sabiam da nossa determinação. Seríamos cinco contra o mundo. Mas não fomos.

Aos sete meses, eu já no hospital há mais de 15 dias tive uma grande hemorragia e me levaram às pressas para o centro cirúrgico. Eu acordada via uma grande movimentação que não me assustava. Só pensava que veria meu filho um pouco antes do esperado. Quando disseram que tinha nascido e era um menino, não tive surpresa nenhuma. Só queria vê-lo. Mas só me mostraram um pezinho preto e minúsculo sem nenhum choro. "Eu quero ver o rosto... meu filho está vivo????" Sem resposta eu senti que minhas forças estavam me deixando e eu disse para um médico ao meu lado: "Acho que vou desmaiar!" E minha última visão foi ele pular em cima de mim com o bigode saindo por cima da máscara e bombear meu coração e pensei que eu estava gargalhando, porque os olhos dele estavam grandes como um pires de doce.

Acordei dois dias depois, ligada a muitos fios, nas mãos, pés, uretra, útero, e sei lá quantos mais. E perguntei: "Meu filho está vivo?" "Sim, ele está."

"Quero vê-lo." "Não pode, está na incubadora." Uma desconfiança foi plantada em meu coração.

"Chama meu marido."

"Você não pode mentir pra mim. Meu filho tá vivo?" "SIM." Uma felicidade serena instalou-se e eu dormi.

Quando acordei comecei a dar trabalho. "Quero vê-lo. Se ele não pode vir eu vou." "Você não pode." "EU VOU. Se não me levarem com todos esses fios irei sem eles." E fui levada. Mulher decidida ninguém segura.

Um mês depois eu estava com minha prole na fazenda. Mas ela se resumiria a nós. Eu e os três. Minhas trompas foram costuradas, deram nó de marinheiro, tiraram um pedaço, colaram, grampearam e tudo o que poderia ter sido feito para não engravidar nunca mais. Mas eu já tinha uma família. Não precisava mais de um homem. Agora era seguir com a segunda parte do meu plano.

Eles foram crescendo e as primeiras letras e escola ficavam a 50 km da fazenda. No município mais próximo e onde compramos uma pequena casa. Eu ia com as crianças segunda-feira cedinho, eles estudavam até sexta-feira e íamos para nosso paraíso ao saírem da escola, indo almoçar na fazenda (onde foram parar meus hormônios).

Segunda parte do plano: me mudei para a Capital do Estado. As crianças foram para o segundo grau e eu fui fazer um curso de História da Arte. Queria um emprego.

E o arrumei em uma loja de decoração, existiam poucas. Fui selecionada e aceita. Juntei tudo o que ganhava e alguns anos depois abri minha própria loja. Nosso Estado é agropecuário e muito mais pecuário naquela época, e eu fascinada pelo *country* inglês. Abri minha loja de móveis *country* e arrebentei. Logo eu tinha uma marcenaria, uma estofaria, uma ateliê para cortinas e almofadas, acessórios diferenciados e fui ganhando experiência.

Minha mesa do escritório era meu panelão de fazer sabão, aquele de quando eu descobri que estava grávida do meu terceiro filho. Tinha dentro dele um arranjo de flores iluminado e um tampo de vidro para que eu nunca esquecesse que posso fazer o que quiser da minha vida, se tiver determinação e coragem.

Quando me vi independente financeiramente pedi o divórcio e quis só minha loja e a casa em que morávamos. Mas meu marido me disse: "Quando nos casamos eu também não tinha nada a não ser as 100 vacas que meu pai deu para que iniciássemos a vida. Éramos peões dele que receberíamos uma herança. Hoje temos o resultado de um trabalho que não foi só meu. Tive sua ajuda até na formação dos pastos a cavalo. Você foi minha companheira e eu te amo".

Como eu queria ter ouvido isso anos atrás. Agora eu não sentia nada por ninguém a não ser por minha prole e por meu trabalho. Eu tinha desaprendido a sentir e a chorar. Apenas respondi: "Faça como quiser".

Quinze dias depois eu era uma mulher divorciada e com um belo patrimônio que por cinco anos nunca lancei mão. Tudo ficou arrendado para ele mesmo e eu mantinha meus filhos e minha casa com o fruto do meu trabalho, que até hoje para meus pais e filhos não tem o mínimo valor e em que não acreditam. Mas essa é outra história.

Indo entregar um trabalho em uma cidade do Interior puseram fogo na minha marcenaria onde trabalhavam já 34 funcionários, quase matando meu vigia. Polícia, bombeiro, investigação e transtornos de toda ordem incluindo o grande prejuízo financeiro. Mas não contavam que quem estavam enfrentando era uma mulher com sangue na veia e fogo nas ventas. Mudei só os funcionários, que foi o que sobrou, para um embrião de fábrica de móveis que estava nascendo para adicionar ao meu negócio. E lá recomecei e fiz tudo o que pude para cumprir os contratos que tinha e que não eram poucos e dos quais eu já havia recebido 50% de entrada. Consegui entregar, com atraso e prejuízo.

Tudo entregue. Tudo pago. Encerrada a fábrica e a marcenaria. As duas lojas, sim já eram duas, e uma delas com sede própria.

Cinco anos haviam se passado do meu divórcio, eu havia construído uma sede nesse ínterim para que meu filho do meio tivesse sua própria fazenda montada e um futuro mais fácil. Fiquei meses embaixo de uma árvore para erguê-la. Tomava banho onde as vacas bebiam água e de lá bebia também, dormia dentro da camionete e o céu era minha televisão. Consegui.

Entre idas e vindas ela estava lá. Claro que nem chegava aos pés da sede principal que datava de quase 100 anos. Mas me orgulhei dela. Era resultado do meu esforço, do meu suor, do sol escaldante e do frio enregelante da madrugada.

E um dia dentro do meu trabalho na Secretaria de Turismo do Estado meu telefone toca e uma voz me diz: "Seu marido sofreu um acidente (ninguém dizia ex-marido)".

"É grave?", perguntei. "Muito", foi a resposta.

"Ele está morto?", questionei dentro de um buraco negro. "SIM", foi a resposta.

Fui pra casa fazer a coisa mais difícil de que até hoje me lembro. Dizer para meus filhos. E o mais velho estava estudando fora. E eu nunca havia mentido para eles. E não havia como esconder.

Estavam os dois jogando alguma coisa na TV e esperando o horário do ônibus para irem se encontrar com o pai. Desliguei a TV, sentei-me entre eles e segurei suas mãos. Falei: "Seu pai sofreu um acidente grave". "Ele está morto, mãe (era a repetição da conversa ao telefone)?" "Sim", eu respondi.

Meu caçula encostou-se em meu seio e chorou baixinho. Meu presunto do sanduíche encostou-se em mim e não fez absolutamente NADA. Passados alguns minutos naquela dor surda a três ele perguntou: "E o mano (se referia ao mais velho)?"

"Vou mandar um avião buscá-lo." E a maratona começou. Mas antes disso, como dar a notícia para meu filho distante? Liguei e ele atendeu. Falei do acidente grave e que mandaria buscá-lo. Ele concordou e desligou. Dois minutos depois toca meu telefone, era ele.

"Mãe?" "Oi, filho!"

"Você nunca mentiu pra mim, não minta agora. Meu pai está morto?", e eu respondi sim. Eu não poderia jamais acrescentar a dor da mentira àquela outra de tal magnitude. Sempre baseei minha relação com minha prole na confiança e na lealdade mesmo que machucasse. Mas ele não conseguiu chegar para o velório não. O avião particular não conseguiria fazer ida e volta pelo adiantado da hora e ele se perdeu no aeroporto em São Paulo, perdeu a conexão do voo e dele mesmo. A dor faz isso com a gente, quando temos que suportá-la sós. Esse menino foi e é um grande homem.

Naquelas intermináveis horas onde vemos um corpo sem vida que tão bem conhecemos, ali, com tanta gente ao redor, o mundo parece parar. Sentei-me entre meus dois filhos, de mãos dadas com eles e não nos movemos em instante algum como se a imobilidade nos protegesse de todos que se aproximavam e falavam coisas sem nexo, palavras de consolo que não têm sentido e não amenizam.

Os dias se passaram e eu tinha outra batalha para lutar. Voltar depois de cinco anos à fazenda e à casa que foi meu lar, onde criei meus filhos e onde tentei tanto e tantas vezes aprender a não chorar.

Cheguei. Avistei ao longe a sede imponente, as palmeiras imperiais que plantei e as três que se destacavam simbolizavam meus rebentos. Eu tinha uma história ali. Parei o carro no portão lateral. Parecia a mim que adentrar pela porta principal seria uma afronta, já que tinha abandonado minha missão.

Ao descer do carro quase fui derrubada pelo Tigrão, um boxer cruzado com girafa, eu acho, de tão grande, pois ele pulou em mim e chorava, latia, babava, deitava de barriga pra cima e voltava a pular colocando sua carona enorme junto a minha, me lambendo como a perguntar onde estive todo aquele tempo. Meu coração quase parou. Eu não fora esquecida, nesses longos cinco anos.

Entrei vagarosamente na casa em silêncio, só quebrado pelo barulho da água da bica que corria constantemente cruzando a casa inteira pela varanda. Abri a porta da cozinha onde vi o fogão de lenha morto, sem vida, sem fogo que alimentei por tantos anos, passei a mão naquele tijolo frio quase como uma reverência, entrei na grande sala de jantar, corri os olhos na mesa grande e ouvi risos encantadores das minhas crianças. Abri uma janela, olhei todos os quartos, a sala de estar, o escritório e deixei para o final o meu quarto. Se é que podia chamá-lo de MEU. A porta estava fechada. Parei. Coloquei os dedos na maçaneta e fui fazendo pressão até que ouvi um clique. Empurrei a porta, que se abriu sem nenhum ruído. Estava tudo escuro. Subi o degrau e pisei no assoalho de tábua corrida que gemeu, coloquei outro pé e me dirigi à janela que eu conhecia tão bem. Abri uma fresta e a luz entrou ferindo meus olhos já acostumados com aquele breu. Não ousei abri-la inteira. Eram minhas recordações e sonhos perdidos guardados ali. E se eles escapassem?

Quando me acostumei com a luz, fui tocando em cada móvel, parede, quadro... e ousei abrir um armário. Meu coração quase parou! Num frenesi abri outra porta, outra, outra e outra, gavetas e gavetas e reaprendi a chorar num misto de dor e ódio, de amor e raiva, de afeto e decepção.

TUDO ali estava exatamente como eu havia deixado quando saí. Meus vestidos, todas as roupas nos cabides, sapatos, botas, chinelos, perfumes amarelados e grossos, presilhas de cabelo, camisolas e outras tantas coisas. Intocadas e empoeiradas. Eu não conseguia respirar.

Chamei a mulher que trabalhava na fazenda depois de me recompor, e perguntei: "Por esse quarto está tão empoeirado?"

"Esse quarto não é permitido ser usado. Mesmo quando tem festa aqui na fazenda ele permanece fechado, nem o dono dorme aí."

"E onde ele dorme?"

"No sofá da sala. Ou em qualquer quarto."

Acho mesmo que até hoje não consegui me recuperar plenamente de algo que poderia ter sido e que se tornou um grande engano.

Mas seguimos em frente. Feridas por mais profundas que sejam têm que ser fechadas mesmo que doam para sempre. Casei-me novamente. E mergulhei no trabalho. Pois ter alguém era apenas uma segurança de que eu estaria seguindo as regras impostas pela sociedade vigente.

Casei-me novamente e assim permaneci por 18 anos, nos quais só trabalhei e formei um pequeno império. Fiz todas as extravagâncias possíveis em termos de viagens e trabalho. O relacionamento era apenas para me manter dentro de uma casca que me protegeria de qualquer aproximação amorosa. Eu era feita de trabalho e viagens e nas viagens aproveitava para trabalhar também. Até que me senti velha o suficiente para que ninguém se aproximasse. Pedi o divórcio. Estava livre para fazer o que eu mais gostava e quando quisesse sem ter que dizer nada para ninguém.

Mas a vida tem caminhos estranhos. Por motivos que não vêm ao caso agora, meu pequeno império ruiu, o meu patrimônio estava comprometido e eu teria que ser muito mais leoa para recuperar uma parte dele e recomeçar novamente. Minha vida é repleta de recomeços. Portanto eles não me assustam.

Porém um pouco antes de as dificuldades começarem o mais inusitado aconteceu através do celular. Uma voz masculina querendo imprimir minha revista. Depois querendo representá-la... e por mais que eu o direcionasse para meu diretor ele voltava a falar comigo. Até que impaciente eu disse que essas medidas operacionais eram tratadas nos departamentos adequados, não comigo. E ele disse que era comigo que queria falar, seu interesse era mais pessoal que profissional. E como eu já havia visto os dados dele respondi irritada: "Você tá louco, menino? Você tem idade para ser meu filho". Resposta: "Mas não sou".

Vou resumir: fui acusada de velha safada, ele de *lover boy*. Eu de idiota, ele de aproveitador. Eu de pagar, ele de receber. E alguns meses depois veio a bancarrota. Meu dinheiro foi sumindo em advogados e ações, meu patrimônio todo travado como segurança e todas as dificuldades que advêm disso, mas ele não foi embora. Segurou ainda mais forte a minha mão e levou-me com ele para a sua cidade. E recomeçamos com quase nada, e com tudo. Temos a força um do outro. Ele trabalha de sol a sol, me mima e me poupa. Enquanto tenho milhões de dedos acusadores apontando meus erros, tenho um homem que sabe como segurar a barra de uma mulher. Temos uma loja de móveis usados que ele usa como escritório e vende tudo o que lhe cai nas mãos. De um capacete de moto a uma fazenda. Passamos maus momentos e momentos maravilhosos, mas ele sempre me diz que juntos somos mais.

Perdi a maioria dos meus "amigos", me sobraram os poucos verdadeiros. Perdi minha família e morreu meu pai. Perdi empresas, perdi dinheiro e ganhei o que sempre pensei que não fosse pra mim. O AMOR, a paixão, a amizade e a parceria em um mesmo ser.

E para concluir este relato vou colocar aqui o que ouvi dele alguns dias atrás.

"Olha aqui nos meus olhos, me dá suas mãos", e segurando meus dedos fortemente falou: "Amor, eu juro pra você que nunca vou te envergonhar, você jamais terá motivo pra se arrepender de ter vindo embora comigo. Todos esperam que eu te traia ou te abandone. Mas vão quebrar a cara. E eu posso falar isso com a maior tranquilidade, porque te amo".

Mas tudo isso é só um pedacinho de uma vida que ainda tem muito para ser vivida e muita coisa para ser contada. Me aguardem que vou contar muito mais pra quem quiser saber.

# 12
Mônica Fernandes

# E quando meu aquário quebrou...

## Mônica Fernandes

Arte educadora, professora de teatro, gerente de vendas. Especializada em gestão de pessoas e autodesenvolvimento humano; em cursos de vendas, atendimento de qualidade e desempenho profissional; e em consultorias personalizadas para empresas. *Life coach. Neurocoach. Coach* participante dos programas de TV Comportamento e Atitude, Identidade, Ativaamente, na TVE (anos 2014 e 2015) e Feliz da Vida na Band (2016 e 2017). Palestrante motivacional. Coautora do livro "O Poder do Mentoring e Coaching", Editora Leader. Criadora e idealizadora do grupo de Coaching para mulheres Vida Plena. Diretora de Assuntos da Mulher da ABRH-MS (gestão 2016 – 2018).

(67) 3351-7717
mfernandes_1@hotmail.com

Nunca arrumei as malas assim... sem serem as minhas próprias e com esta tristeza.... Arrumar as malas para mim, até este dia, era sinal de coisa boa à vista, descanso sem culpa, ir além. Mas neste dia não... neste dia, o ato de arrumar as malas significou fracasso, fim de sonho, de projeto, e uma sensação muito doída de incapacidade...

Era fim de casamento, e eu aliviada, mas imensamente comovida, arrumava a mala do agora meu ex-marido, terminando ali um relacionamento abusivo, que tanto minou minha alegria de viver...

Desempregada, assustada e sem saber como recomeçar, assim que ele saiu, primeiramente COMEMOREI, DANCEI, EXORCIZEI este presente passado, ansiando uma fase radiante para mim. Sempre muito amada e estimulada por meus pais a ser feliz e ir em busca de meus sonhos, eu sabia que este momento ia passar e meu sorriso voltaria a estar estampado em meu rosto. Minha educação familiar foi muito positiva, e isto fez toda a diferença em meu caminho. Sempre fui encorajada a me amar e melhorar a minha vida, e eu, sem saber, mesmo criança já era uma líder de mim mesma, me puxando para cima, sempre quando era necessário. Então, naquele derradeiro dia, eu sentia que tudo o que eu vivi até aquele momento iria me ajudar a encontrar o meu lugar. Naquela manhã, ainda por intuição, aprendi a minha primeira grande lição: **SER FELIZ AGORA, SOB QUALQUER CONDIÇÃO!**

E foi assim, a partir deste marco, que esta MULHER renasceu, ressurgiu e foi parida pela vida como ela é... Sem dó, sem drama, sem revolta...

No começo deste processo, talvez por estar imensamente destruída e com muito baixa autoestima, eu precisei de uma overdose de alegria e, assim, caí na ilusória felicidade do descompromisso... queria me divertir muito!

E quando dei por mim tinha me transformado numa espécie de adolescente, só que com 30 anos de idade, tentando me encaixar em um universo que não era mais meu.

Mulheres separadas sofrem o que eu classifico como síndrome do aquário quebrado: mesmo com tudo ruindo, tentamos permanecer em águas que faziam parte de nossa vida, mas que estão escoando e não poderão mais nos proteger e, com urgência, precisamos mergulhar em outro universo, sob novas águas frias e desconhecidas, de um oceano chamado: "De volta ao mercado!!!" (em todos os sentidos). Dificilmente não esbarramos na linha tênue entre o normal e o ridículo, tentando nos adequar em um mundo que já abandonamos e nem queremos mais.

Nesse período de recém-separação, ficamos sem pátria, e sem identidade, pois não estamos nem lá (no mundo dos "sérios") nem cá (na roda-viva eletrizante da juventude), e descobrimos, depois de muitas festas idiotas, homens idem, pileques inconsequentes e um enorme vazio no peito, que teremos de construir um mundo totalmente novo, onde criadora e criatura terão de ser inteiramente reinventados.

E assim, aos poucos, reconstruindo meu coração e minha estrada, me pus de volta ao mercado de trabalho, com afinco, força e medo. E de recortes em classificados no jornal, empregos frustrantes e grandes furadas, fui parar em uma empresa recém-chegada na cidade que vendia férias em hotéis e, mais do que isso, esperanças para o meu coração. Apesar de muito aquém de minha experiência e bagagem profissional, eu tinha que começar de algum lugar... E lá estava eu, agarrando com unhas e dentes aquela chance. Em um mês de trabalho, fui a campeã de vendas da empresa e me tornei a gerente da equipe, cargo que eu exerci, em vários trabalhos anteriores... Uma sensação de pertencimento me invadia então: minha vida voltando ao lugar, finalmente.

Minha segunda grande lição: **ACREDITE... SUA COMPETÊNCIA E SEU ESFORÇO O LEVARÃO AONDE VOCÊ MERECE CHEGAR!**

Mas, mesmo com muito êxito, depois de um ano essa empresa saiu da cidade, pois sempre procurava outros mercados. Era a política usual dela; e me vi, de novo, sem chão... Porém, pelo meu ótimo trabalho exercido nesse local, fui convidada imediatamente para trabalhar por uma concorrente que estava abrindo suas portas, nesse setor. E assim, focada e confiante fui galgando posições e oportunidades... Liderava homens e mulheres, exercitando em mim habilidades como: resiliência, foco, excelência e credibilidade.

Ministrava treinamentos para a equipe de vendas nos fins de semana e, todas as noites, coordenava essas equipes no atendimento a famílias convidadas para um coquetel onde apresentávamos todo o rol de hotéis para viagens inesquecíveis.

Estava adorando o meu trabalho, era vibrante e gratificante, mas eu precisava crescer mais... Percebi que, nessa firma, havia setores mal estruturados, ainda sem gestão dirigida. Pedi então ao meu gerente para trabalhar nesses setores do escritório, que eram em horário comercial, por um mês, sem REMUNERAÇÃO alguma. Expliquei a ele que, como gerente de vendas do *showroom,* precisava entender toda a dinâmica do grupo para melhor treinar minha equipe, que era a linha de frente de todo esse processo. Ele aceitou e eu, então, trabalhei, nessa época, em todos os turnos... Saía de manhã e só voltava para casa quase meia-noite... Sentia-me, nessa fase, uma espécie de Cinderela às avessas que ansiava pelas 12 badaladas, para voltar para meu lar, e curtir meu sonho de consumo: dormir!

Me meti no setor de cobrança, atendimento ao cliente, pós-vendas, e findado o mês de observação proposto por mim ao gerente da casa ganhei quatro funções de trabalho nesse estabelecimento. Tempo de muito cansaço físico, mas muito significativo para mim, pois minha identidade começou a se firmar e minha autoconfiança voltou a florir!

Corajosa e otimista, se estruturava ali, então, o *start da mulher que sou HOJE!*

*Aprendi que temos* de ser os primeiros a fazer o que ensinamos, a trabalhar muito, não medir esforços, se preparar e estudar sempre, e ser, sinceramente, um exemplo para seus funcionários... Só assim a gente é capaz de inspirar e virar uma LÍDER!

E com o fruto de todo esse meu trabalho, sozinha, sem ajuda de ninguém, consegui trocar meu carro, ainda em suaves prestações, é claro, mas com a sensação definitiva de ter a autonomia de me sustentar totalmente, pagar minhas contas e estar segura!

Minha terceira grande lição: **NADA TE TRARÁ MAIS RETORNO QUE SEU TRABALHO... INVISTA NELE!**

**O** tempo foi passando e com ele fui colecionando um bocado de boas posições no mercado, um respeitado currículo e... um surpreendente novo grande amor! Numa dessas empresas, conheci meu futuro marido, que na época era um gerente exigente, enérgico, e até um pouco ríspido, mas muito competente, e entre outros grandes aprendizados me inspirou a amar de verdade!

Éramos, antes de tudo, nossos melhores amigos e conheci, então, pela primeira vez na vida o que é amar sem precisar ferir, sem menosprezar, sem competir e sem doer! Uma dupla perfeita!

Minha terceira grande lição: **O NOVO É SEMPRE BOM... CONFIE NA VIDA E SUAS SURPRESAS!**

Namoramos um bom tempo, e depois de ele muito insistir, finalmente, fomos morar juntos. O tempo passou e eu beirando os 38 anos de idade, quis desacelerar para ter um filho, projeto sonhado e engavetado nesses últimos anos de investimento profissional... E então, finalmente, resolvi apostar nesse sonho, mas a gravidez não vinha... Achei até que não era mais possível; porém, fiel a esse desejo, acreditei que diminuindo um pouco o ritmo eu conseguiria engravidar. Estava muito cansada... Nos últimos anos, fui gerente comercial de um grande jornal da cidade, e depois ingressei nas gerências corporativas das operadoras de celular. Era um ritmo frenético! Tomei coragem e pedi demissão de uma empresa de telefonia, onde eu liderava uma equipe de 40 homens machistas e difíceis e segui no meu propósito... Estava mais calma para o meu projeto pessoal! Sem metas alucinantes e desafiadoras a cumprir mensalmente, estava pronta para dar mais atenção a essa grande realização. Aceitei então uma gerência em um método de emagrecimento, para participantes, na sua grande maioria, mulheres. E nesse trabalho, incrivelmente gratificante e bem menos estressante, me vi ligada aos dramas, inseguranças, alegrias e dores desses seres especiais que somos nós, as mulheres! No terceiro mês de meu novo trabalho, ainda em experiência, e na minha mais absoluta boa forma, descobri que meu sonho se cumpriu: eu estava, finalmente, grávida!

Um misto de alegria e preocupação se revezava em mim: será que poderei continuar trabalhando? O trabalho era um método de emagrecimento e estar magra era um dos requisitos básicos, mas a gerente geral da empresa era uma líder incrível e me acolheu como uma mãe! E então comemoramos juntas essa grande notícia!

E com muita saúde e animação fui vivendo dois grandes projetos: meu trabalho com mulheres e minha preparação para ser mãe. Um período extremamente feminino e humano que tomou conta de mim, me dando mais empatia e ternura, me aperfeiçoando, como pessoa e como líder.

Com um imenso barrigão, até os meus sete meses de gestação gerenciava minha cidade, dava palestras, viajava dirigindo na estrada para cidades próximas, abrindo campo para novas filiais, e pela primeira vez me sentia verdadeiramente PLENA e REALIZADA, sem medo da vida!

Minha quarta grande lição: **CULTIVE O CONHECIMENTO, A GRATIDÃO E, PRINCIPALMENTE, A ALEGRIA DE VIVER, POIS A VIDA GOSTA DE QUEM GOSTA DELA!**

Nos próximos dois anos que se seguiram vivi uma espécie de paraíso com as delícias da maternidade, curtindo intensamente minha menina, meu trabalho gratificante e meu lar perfeito!

Descobri que gerar um ser humano é dar um mergulho em nosso eu mais profundo... Vai mudando nossas prioridades, verdades e conceitos. Entendi que seria vital para mim estar inteira nesse universo e isto aprimoraria mais tarde todas as minhas potencialidades.

Resolvi, depois de um tempo, a pedidos de meu marido e minha filha, me casar de verdade, com tudo que tínhamos direito... E assim foi feito: eu entrando de noiva com meu paizinho de bengala (minha mãezinha já havia partido), minha filhinha de daminha de honra e carregando junto ao meu buquê de flores uma felicidade que não cabia dentro de mim, entendendo por fim que tudo o que ralei, sofri, perdi foi imprescindível para sentir a grandiosidade desse dia! Não foi só um casamento, foi, naquele momento, o retrato da vida que eu construí, passo a passo, depois de grandes perdas e reviravoltas. Então, nessa noite mágica, gravei minha quinta lição em meu coração: **NÃO EVITE A NOITE ESCURA... SÓ DEPOIS DE PASSAR POR ELA VOCÊ VERÁ A LUZ DE SUAS VERDADES!**

E assim, no auge de minha autoestima, meti a cara no trabalho para ajudar mulheres sem fé em si mesmas e sem autoestima a acharem o caminho de volta, como eu, um dia, precisei também...

Pesquisava, estudava, palestrava e ensinava muito mais que emagrecer, pois o problema-raiz era bem outro, e como era lindo quando eu conseguia inspirar alguém a fazer as pazes consigo mesma e recuperar sua alegria de viver, seu amor próprio. Nesse período, liderava centenas de mulheres que passavam por mim para emagrecer e, principalmente, para se encontrar...

E veio o segundo filho, desta vez sem planejamento e sem espera. Uma linda surpresa da vida, aos meus saudáveis 45 anos. Um menininho sapeca que encheu a minha vida de risos e trabalho... Envolvida de novo com choros, fraldas e amamentação (minha filha amamentei até os dois anos e o menino até os três anos de idade), desacelerei de novo e fui viver a maternidade, pela segunda vez.

Passado o período difícil de cuidar de filhos pequenos, e voltando com todo afinco para o ritmo normal de meu trabalho, me peguei, com surpresa, desmotivada, sem energia, querendo algo maior, mais abrangente e profundo. Fiz então vários novos cursos e até escrevi um livro, como coautora, para ajudar pessoas a serem mais felizes. Eu estava querendo voar!

E, no alto dos 50 anos de idade, saí de um emprego confortável, estável e que eu dominava completamente para me arriscar de novo e começar algo novo!

E me reinventei... mais uma vez! Carreira solo como especialista em cursos de vendas e desenvolvimento humano para empresas, *coach* e palestrante motivacional, participação em programas de rádio e TV, fazendo assim minhas agendas, meus horários e minha hora acontecer.

Hoje, tenho um grupo de Coaching para mulheres, entre outras atividades, que apoia, estimula e enaltece a autoestima delas, base para qualquer transformação na vida...

Trabalhar com esse universo feminino passou a ser a minha missão! Quero melhorias para nós em todos os âmbitos e lutarei para que as próximas gerações de mulheres possam ter mais facilidades que as gerações passadas. Precisamos ter uma rede de apoio moral, social e de políticas públicas, para o êxito de todas as carreiras femininas, e este é ainda um sonho a ser perseguido, na nossa jornada...

Em todo o meu caminho tive o alicerce irrestrito de meus pais, de meu marido, que é um grande parceiro, e de meus filhos, meus mais apaixonados fãs, mas isto, infelizmente, é uma raridade em nosso país... Porém, mesmo com tudo contra, temos incontáveis exemplos de que a mulher focada sempre vence, pois é uma líder e guerreira nata!

Hoje sou dona de minha história, de meus dias e de meu tempo, e quero que todas as mulheres possam viver assim também.

Minha mais imprescindível lição: **CUMPRA SUAS PROMESSAS!**

**Seja livre, se pertença e se torne a mulher que você merece ser, em toda sua plenitude!**

# 13

Regina Lúcia Monteiro Matos

# Liderança de batom

## Regina Lúcia Monteiro Matos

Psicóloga (CRP-08/2890), *master coach* com certificação internacional em Coaching, Mentoring & Holomentoring do Sistema ISOR®, pelo Instituto Holos. Consultora na área de Gestão de Pessoas e Desenvolvimento de Lideranças. Especialista em Recursos Humanos; Comportamento Organizacional e Direito Empresarial. Possui formação em Dinâmica dos Grupos pela SBDG (Sociedade Brasileira de Dinâmica dos Grupos). Vasta experiência como gestora de Recursos Humanos em empresas de portes variados. Diretora da RM Consultoria e Treinamento. Coautora dos livros "Networking & Empreendedorismo" e "RH na Veia", da Editora Leader.

(43) 99994-0705 (Tim)
(43) 99136-4635 (Vivo)
reginamatos9@gmail.com
www.rmtreinamentos.com

Nasci numa pequena cidade do interior do Paraná, Uraí, e lá vivi até os meus 12 anos. Fui filha única até os seis anos de idade e depois de mim vieram minha irmã e meu irmão. Meu pai era juiz de Direito e, depois de alguns anos tendo atuado nessa cidade, foi promovido e transferido para Curitiba, Paraná, mas não chegamos a mudar para lá, pois meus pais decidiram morar em Londrina em função do clima. Dessa forma, durante a semana meu pai ficava em Curitiba e aos finais de semana vinha para Londrina. Isso durou pouco porque ele já tinha tempo contado para se aposentar em função das licenças-prêmio que acumulou ao longo da carreira.

Chegando em Londrina, fui matriculada em um colégio religioso onde só estudavam meninas. Eu era muito tímida, tinha dificuldades em fazer amizades e nesse colégio as alunas já se conheciam bem porque estudavam juntas desde a Pré-Escola. As poucas amizades que fiz durante os três anos em que estudei lá foram com meninas que como eu estavam há pouco tempo no colégio ou que eram mais retraídas. Desde essa época, percebia que algumas exerciam um papel de liderança e por vezes tentava ser igual a elas, mas a timidez não ajudava.

Passados esses três anos, fui estudar em um colégio misto, específico para o Ensino Médio, onde amigas da minha cidade de origem tinham se matriculado. Apesar de ainda ser muito quieta, consegui me soltar um pouco mais por estar no meio de pessoas mais próximas a mim. Foi um período onde as apresentações de trabalho em equipe e organização de atividades extraclasse ajudaram a iniciar meu exercício de liderança.

Durante o tempo em que cursei a faculdade de Psicologia, tive algumas oportunidades de vivenciar situações onde o papel de liderança era exigido, principalmente nas atividades práticas, estágios e atendimentos em clínica. O próprio curso, na época em que estudei, tinha em sua grande maioria mulheres (acredito que deve ter mudado pouco). Outro evento de que participei e que exigiu bastante o papel de liderança foi a organização da formatura. Esse foi um ótimo exercício de paciência, resiliência e planejamento.

A grande oportunidade que tive de desenvolver a liderança foi na primeira grande empresa onde trabalhei, aliás o sonho de consumo de muitos profissionais de RH da época, uma das fábricas da Coca-Cola. Quando entrei na empresa, o RH estava sendo estruturado e eu fui contratada para ajudar nesta tarefa. Durante mais de um ano eu era a única mulher do departamento e por vários momentos tive que encontrar a maneira certa de apresentar minhas ideias e projetos e até mesmo me posicionando diante das situações ou opiniões com as quais não concordava.

Tive um grande aprendizado nesse primeiro ano, porque entre alguns "talvez", "quem sabe", e outros "senões", fui conquistando meu espaço e ganhando credibilidade e consequentemente aumentando minha autoconfiança. Após cerca de um ano, houve a contratação de mais uma mulher no departamento, para trabalhar no Setor de Rotinas Trabalhistas. Eu me senti fortalecida e pensei: "Pronto, ganhei uma aliada e agora vai ser mais fácil". Ledo engano, as coisas não se tornaram mais fáceis por ter entrado mais uma mulher para a equipe, percebi que o que precisava realmente era estar segura de minhas posturas para realmente conquistar o espaço que pretendia.

E assim foi não só no departamento em que eu atuava, mas na empresa como um todo, consegui sensibilizar os gerentes para que mais mulheres fossem contratadas em seus departamentos. Uma empresa em que quando iniciei as mulheres eram a minoria em todas as áreas foi mudando seu perfil e aos poucos o espaço que antes era predominantemente masculino deu abertura para as mulheres entrarem e mostrarem o seu valor.

A maioria das outras empresas onde trabalhei após ter saído da fábrica de refrigerantes era do ramo metalúrgico, ou seja, com o quadro de funcionários predominantemente masculino e machista por assim dizer e em todas elas precisei me educar para ser mais forte, não abaixar a cabeça diante das negativas e encarar de igual para igual as opiniões adversas.

Passei por uma experiência bem marcante com a qual acredito ter aprendido muito. Em uma das empresas em que trabalhei como gestora de RH (essa empresa não era do ramo metalúrgico), participava de reuniões quinzenais com os gestores das outras três empresas e que faziam parte do grupo que se situavam em cidades diferentes. As reuniões eram realizadas nas plantas em forma de rodízio (na época não existia Skype), portanto, a cada 15 dias estava viajando. Eu trabalhava no norte do Paraná, havia um colega da região noroeste do Estado e mais dois colegas do Estado de São Paulo, um do interior e outro da Capital. Pois bem, fomos contratados praticamente no mesmo dia e estávamos nos reunindo para constituir um RH corporativo.

No início, como de praxe, os homens do grupo faziam comentários a respeito de assuntos do "mundo masculino", porém os objetivos foram alinhados a partir do momento que consegui mostrar a eles qual a razão de estarmos ali reunidos. Algumas "brincadeiras" que aconteciam antes do início das reuniões tinham componentes machistas do tipo: "Você veio dirigindo pela estrada sozinha?" Comentários que aos poucos foram desaparecendo por eu me posicionar de forma assertiva. Nessa empresa eu gerenciava uma equipe de 12 pessoas e alguns desafios foram vencidos para que o resultado do trabalho fosse atingido.

O meu maior desafio ocorreu na última empresa, em que trabalhei por 11 anos. Durante oito anos eu fui a única mulher do Grupo Gestor e uma das únicas em uma empresa de 110 colaboradores, onde dava para contar nas mãos as mulheres que ali trabalhavam. Todos os dias de manhã havia uma reunião de meia hora da qual o Grupo Gestor participava e mensalmente uma reunião de fechamento que durava meio período do dia.

Tanto nas reuniões gerenciais como no dia a dia na empresa ocorreram várias situações que exigiram de mim mais do que conhecimento e experiência. Precisei aos poucos ir mostrando os porquês da necessidade de implantação de alguns projetos e algumas mudanças que poderiam ser realizadas.

Nesses 11 anos pude constatar várias mudanças ocorridas na empresa, muitas vezes até por trás de uma liderança subjetiva em determinadas situações e que resultaram em grandes transformações. Gestores que pareciam ser irredutíveis em negociar foram se lapidando e ampliando sua forma de ver as coisas a partir do momento que aceitaram passar por processo de Coaching ou outros programas de desenvolvimento pessoal.

Como foi gratificante ver a mudança da gestão da empresa, que antes parecia tão cartesiana, tão "Yang", ir dando espaço para o "Yin" entrar. O Yin e o Yang em equilíbrio deram espaço para uma empresa mais harmônica. Fisicamente falando, quem a visita não diz que é uma empresa metalúrgica que lida com metais pesados, porque a área ambiental é tão linda, tão vasta, que a sensação de bem-estar é indescritível; isso ocorre desde a sua fundação, o cuidado e a preservação do meio ambiente estão presentes em toda a empresa. Então por que não integrar as pessoas com o trabalho e o meio ambiente? Quando isso aconteceu, as pessoas se tornaram mais felizes por trabalharem ali.

E o que isso tem a ver com liderança feminina? Foi necessário um toque feminino para sensibilizar as outras pessoas a perceberem a importância de olhar para o outro e para si mesmas principalmente, ver quais são as forças e quais as limitações a serem desenvolvidas para terem maturidade e segurança para liderar uma equipe. As outras mulheres gestoras que ingressaram na empresa foram imprescindíveis para fortalecer o grupo e dar nova cara ao formato das reuniões formais e à rotina da empresa.

Há dois anos e meio me desliguei dessa organização e desde então atuo como consultora e *coach* executivo. Nesse tempo, o que tenho visto nas empresas que atendo é que a mulher está ganhando cada dia mais destaque em papéis de liderança, mesmo que essa liderança não seja um cargo, e sim um papel, a forma de atuar com o seu trabalho. Ouvi de uma colaboradora há uns meses em uma empresa onde ministrei um treinamento de Desenvolvimento de Equipes e Lideranças que ela até aprendeu a se valorizar mais depois que começou a trabalhar lá.

Antes, ela era dona de casa e trabalhava como diarista em casas de família, agora, com esse seu trabalho, ela consegue dimensionar a importância da sua função e o valor que ela tem. Eu a vejo como uma líder nata, pois com suas palavras e suas atitudes leva as pessoas a refletirem e se comprometerem com o trabalho (a grande maioria homens). A sua função na empresa é separar os materiais, uniformes e equipamentos para serem entregues aos colaboradores que necessitam viajar para outras cidades na execução de suas atividades.

Na realidade, a liderança para ser exercida, seja por mulheres ou homens, não necessita de um cargo ou de uma posição, pois os valores quando bem fundamentados, a visão de futuro estabelecida e a convicção de que estamos aqui nesta vida para cumprir algum propósito fazem de nós líderes verdadeiros. O olhar feminino irá agregar o diferencial que poderá ser o "tempero" desse prato que podemos chamar de "trabalho", de "vida".

# 14 Renata Valéria Lopes

# Renascer

## Renata Valéria Lopes

Atua há mais de 25 anos na área de Tecnologia da Informação com gerenciamento de projetos e equipes multidisciplinares em grandes empresas. Em 2012 fundou a Tecnologia Humana, onde atua ajudando profissionais com uso conjunto de Coaching, Mentoring, Consultoria em Processos, Tecnologia da Informação e Networking. *Master coach* certificada pelo Instituto Brasileiro de Coaching - IBC e por renomadas instituições internacionais como a European Coaching Association - ECA (Alemanha/Suíça). Membro da International Coach Federation, analista Comportamental pelo IBC e GCC, graduada em Processamento de Dados e pós-graduada em Gestão Empresarial pela Faculdade Simonsen, formada em Teologia pelo IBQ, Rio de Janeiro, pós-graduada em Gestão de Pessoas com Coaching pelo IBC/FADEC. Professora de pós-graduação da Unisuam, no curso de Gestão Eletrônica de Documentos.

(21) 96754-9342
renata.lopes@tecnologiahumana.com
www.tecnologiahumana.com

> *"Hoje sei que dá para renascer várias vezes nessa mesma vida. Basta desaprender o receio de mudar!"*
> Martha Medeiros

Renata significa renascer. Talvez por isso sinta que renasci muitas vezes, afinal mudanças fazem parte de quem sou. Carioca nascida em Bangu, Zona Oeste do Rio de Janeiro, frequentei colégios públicos e até me formar na faculdade enfrentei muitos obstáculos financeiros.

Desde os dez anos eu sabia bem o que faria na graduação, por incrível que pareça. Eu amava matemática e um dos meus professores me encorajou a buscar uma formação com ênfase em Engenharia da Computação. Na época, curso novo nas universidades mais importantes do Rio de Janeiro.

Com isso passei grande parte dos meus dias insistindo com meus pais em fazer escola técnica, o que não aconteceu devido à situação financeira da nossa família. Meu pai trabalhava por conta própria e não tinha um rendimento fixo, minha mãe cuidava da casa e complementava a renda fazendo crochê e tricô.

A veia empreendedora se revelou logo cedo, quando comecei a oferecer serviços de manicure para a família. Era assim, fazendo a unha dos meus familiares, que ganhava uma grana para ajudar na compra do meu material escolar. Também era boa com desenhos e colagens, então preparava papéis de cartas personalizados para vender na escola.

Dessa forma eu acabei fazendo o segundo grau científico, mas ganhei uma bolsa em um curso de programação. Os computadores se tornaram meus amigos íntimos e como fui bem-sucedida nas aulas recebi o convite para estagiar numa das filiais do curso.

Na época do segundo grau foi também o momento de ganhar uma máquina de escrever dos meus pais. E assim nasceu mais um empreendimento, datilografar trabalhos dos meus colegas do colégio, vizinhos e parentes.

Na faculdade a máquina de escrever deu lugar a um computador, e o trabalho passou a ser entregue digitado e gravado em disquete. Além de trabalhar o dia todo e estudar à noite, nos finais de semana eu dava aula e consultoria em empresas dos conhecidos da família.

As caminhadas da faculdade para casa à noite serviam para que eu refletisse e traçasse planos para o futuro. A grana era curta e nem sempre o dinheiro dava para pagar as passagens até o final do mês, então o jeito era caminhar 3 quilômetros aproximadamente todos os dias depois da aula.

Meus pais estavam sempre presentes e quando podiam caminhavam para me encontrar no meio do caminho. Eles são referências fortes na minha trajetória e meus mestres na vida. Aprendo com eles a cada dia, sobre como manter principalmente a simplicidade em todos os níveis da vida.

Parece que foi ontem, mas já se passaram mais de 25 anos atuando na área de Tecnologia da Informação (TI). Sempre gostei imensamente de "conversar" com as máquinas. Quando mais nova achava complicado lidar com pessoas, sentimento provocado pela timidez que eu tinha e disfarçava.

A verdade é que foi preciso muita dedicação no meu autodesenvolvimento para que hoje a conversa corra solta aonde vou. E quem me conhece sabe o quanto gosto de conversar e compartilhar conhecimento. A disposição em continuar aprendendo é a de uma criança recém-matriculada na escola.

Tendo me graduado em Processamento de Dados, percebi que precisava conhecer mais das rotinas de uma empresa. E assim fui atrás de uma pós-graduação em Gestão Empresarial. Em seguida Inglês e um curso em

Teologia. Sem esquecer todos os cursos livres que fiz. Estudar é um prazer para mim.

Finalmente em 2000 minha tão sonhada oportunidade de promoção e mudança de Estado chegou. No Grupo Gerdau aprendi muitas tecnologias e desenvolvi conhecimento em muitas áreas da Tecnologia da Informação. Estar de mudança para Porto Alegre e poder atuar de forma global foi sem dúvida a experiência mais gostosa da minha carreira até então.

O novo desafio me permitia gerir equipes terceirizadas de grandes empresas do mercado de TI. Era um desafio duplo, pois além da mudança de Estado eu mudaria também de função, imagine como eu estava cheia de expectativas para a nova função. Mas negligenciei algo importante, estava em uma nova cultura. Os comportamentos, nuances sociais e linguagem eram novidades. Bem como a forma de trabalho.

Para entregar os projetos conforme o esperado, estabeleci um plano de imersão para estudar novas tecnologias. Virava a noite preparando os servidores e me envolvia em todas as etapas técnicas. Numa média de 15 pessoas por projeto, lá estava eu gerindo as entregas dos projetos e fazendo acontecer, mas não sobrava tempo para mais nada.

Até que eu ouvi um *feedback* do meu gestor que me ajudou muito. Ele disse que eu entregava o projeto, mas matava os soldadinhos. Foi aí que caiu a ficha! Eu precisava aprender a gerir as pessoas envolvidas no projeto. O que eu achava que já fazia, mas faltavam algumas habilidades e competências que precisavam ser aprimoradas no âmbito profissional.

O envolvimento com a equipe precisava de ajustes e foi assim que eu tive acesso a um programa de desenvolvimento individual que contava com ferramentas como Coaching, Mentoring, PNL etc. A empresa me proporcionou as ferramentas que eu precisava. Com avaliações iniciais de comportamento e estilo de liderança, pude entender onde estavam meus *gaps*.

Confesso que no início tudo me parecia meio sem sentido. Afinal pensava que minha missão era o resultado do projeto, e não as pessoas. Foi preciso encarar de forma séria o plano para entender a importância de ter um relacionamento pessoal com cada um.

As pessoas não são máquinas. Possuem famílias e amigos que são impactados por seus conflitos emocionais. Como líder é importante verdadeiramente conhecer cada um da equipe e minimizar ao máximo esses conflitos no âmbito profissional. Só assim é possível levar o time a atingir seu potencial e entregar os resultados que são esperados e até superá-los.

Durante os anos meus conhecimentos técnicos me levaram a muitas empresas bacanas e a projetos desafiadores, de que amei realmente participar. Mas desde muito pequena eu tinha o sonho de ter minha própria empresa. Sempre tinha algum projeto em paralelo acontecendo em minha vida, fosse para ter uma renda adicional ou para ajudar um amigo.

Era interessante me envolver em alguns desses projetos e ver sempre que o resultado gerado era positivo. E com isso o sonho de empreender se tornou cada dia mais latente em mim. Em 2004 eu decidi que era hora de mudar novamente, deixei o Grupo Gerdau após 13 anos e meio. Abri meu próprio negócio, que acabou não indo adiante, mas me rendeu muito conhecimento prático sobre gestão.

Em 2005 assumi como sócia em Caxias do Sul de uma empresa na área de serviços de TI. Reestruturei o portfólio e as operações. Com o *networking* que eu construí com profissionais de grandes empresas de TI, foi possível em menos de três meses ter todos os funcionários certificados. Foi um período muito interessante, pois abri mercado numa região nova do Rio Grande do Sul.

Ao estabilizar a empresa em 2008, decidi retornar a uma grande organização e assim fui para as Lojas Renner. Em 2011 nova mudança, dessa vez para a HP do Brasil, onde atuava basicamente como gerente de pessoas no laboratório. Surgiu com isso a vontade de uma segunda especialização em Gestão de Pessoas com Coaching.

Com as certificações internacionais em Coaching veio também uma vontade enorme de mudar o rumo da minha carreira novamente. E assim surgiu a Tecnologia Humana, a empresa que une hoje as minhas duas grandes paixões, a tecnologia e as pessoas. E assim iniciei as operações da empresa em Porto Alegre, cidade que amo muito e onde tenho muitos amigos.

Em 2013 veio mais uma mudança, retornar ao Rio de Janeiro e estabelecer minha empresa aqui. Só que eu estava morando em Porto Alegre há quase 14 anos e era preciso ter um plano bem estruturado. Para viabilizar esse processo, eu aceitei o convite de trabalhar no Rio2016 e depois no Grupo Guanabara. Enquanto isso, em paralelo a empresa ia se estabelecendo na cidade maravilhosa.

E assim em 2016, por força do fim de um contrato de trabalho, pude assumir integralmente as operações da Tecnologia Humana. O desafio de fazer essa mudança em meio a uma crise econômica está ainda sendo grande. Mas sei que esse projeto que visa ajudar outros empresários, empreendedores e gestores é a grande paixão da minha vida.

Eu vislumbrei em 2012 a oportunidade de compartilhar essa nova forma de gerir empresas, com ações que comecem com as pessoas, passem pelos processos e culminem com tecnologias mais aderentes às necessidades dos negócios. Uma forma integral sistêmica e evolutiva de gerir, em que as pessoas sejam comprometidas e valorizadas realmente pelas suas entregas. E as tecnologias impactem significativamente os processos e a forma de se fazer negócios.

Infelizmente em minha carreira não contei com outras líderes femininas para me ajudar. A referência mais forte que tenho de mulher são a minha mãe e minha avó, que sempre empreenderam. Mas na carreira corporativa meus mentores sempre foram homens que amavam pessoas e queriam desenvolver novos líderes.

A grande verdade é que as mulheres pouco se ajudam, e quando me destaco em alguma mídia ou atividade o que costumo receber são críticas delas. Um dia ouvi uma história que ilustra bem isso: um grupo de amigos está reunido e um deles vê um outro cara chegando e grita: "Seu safado, como você anda?...", eles conversam e quando o cara sai ele vira para os amigos e diz: "Esse cara é muito gente boa".

No grupo de amigas, uma delas ao se deparar com uma conhecida diz: "Olá, querida, como vai?..." e, quando a mesma sai, ela vira para o grupo e diz: "Não suporto essa mulher". Dentro dessa triste realidade cresci na carreira, mesmo estudando e trabalhando muito eu ouvia piadas ou críticas.

Resolvi que não seria assim e sempre que tenho a oportunidade de atender uma mulher faço questão de caminhar ao seu lado não apenas durante o processo, mas por toda sua carreira. A empatia feminina precisa ser praticada. É preciso se colocar à disposição de outras mulheres para um mercado profissional mais igualitário entre os gêneros.

Ser mulher em uma posição de liderança é um desafio à parte. Além das atribuições corporativas, há as responsabilidades com a família e a administração da casa. E o mercado evolui nos fazendo estudar o tempo todo. Então ter a sensibilidade e a preocupação em formar redes de apoio pode ser o grande diferencial desse processo.

Os sete Princípios do Empoderamento Feminino da ONU (Organização das Nações Unidas) resumem bem o que podemos fazer:

1. Estabelecer liderança corporativa sensível à igualdade de gênero, no mais alto nível.

2. Tratar todas as mulheres e homens de forma justa no trabalho, respeitando e apoiando os direitos humanos e a não-discriminação.

3. Garantir a saúde, segurança e bem-estar de todas as mulheres e homens que trabalham na empresa.

4. Promover educação, capacitação e desenvolvimento profissional para as mulheres.

5. Apoiar empreendedorismo de mulheres e promover políticas de empoderamento das mulheres através das cadeias de suprimentos e *marketing*.

6. Promover a igualdade de gênero através de iniciativas voltadas à comunidade e ao ativismo social.

7. Medir, documentar e publicar os progressos da empresa na promoção da igualdade de gênero.

Para que esses princípios sejam efetivos é preciso um olhar amoroso sobre cada mulher da sua equipe. Ouvir seus anseios, apoiar suas escolhas e compartilhar o conhecimento e a experiência de vida. Nós, mulheres, temos a sensibilidade e a intuição a nosso favor. Somos capazes de estabelecer conexões de forma mais efetiva.

Sejamos mentoras e *coaches* das nossas equipes, em especial das mulheres. Deixo aqui três perguntas de conexão para sua primeira reunião individual:

1. Me conta como você chegou até aqui?
2. Quem te criou e como era a sua relação com eles?
3. Quais as suas expectativas para o futuro?

Todo ser humano quer ser acolhido e ouvido na essência, tenho certeza que essas perguntas simples podem abrir novas oportunidades para que sua liderança seja bem-sucedida. A sua rede de apoio começa no momento que você se dispõe a compartilhar sua experiência e conhecimento.

Espero que minha história te ajude na jornada, mostrando que mesmo diante das dificuldades é possível construir uma trajetória de sucesso. Conte comigo se fizer sentido para você o meu apoio. Te desejo sucesso e até breve!

# 15 | Sonia Caldart

# Enxergando com o coração

Canal Cenário Feminino

Piloto do Programa
Aprendendo com Sonia

## Sonia Caldart

Paulistana, 68 anos, casada há 40 anos, três filhos e cinco netos, mudou-se para Campo Grande em 1985, devido à profissão do marido. Através de uma entrevista sobre técnicas de congelamento, abriram-se as portas para a área de comunicação, coisa que jamais sonhou. Assim surgiram os programas "Aprendendo com Sonia", "Papo na Cozinha" e "Cenário Feminino". Escreveu simultaneamente nos jornais "O Palanque", "Diário da Serra" e "A Crítica". E atualmente apresenta o "Cenário Feminino", que comemora dez anos, no formato totalmente *online* e tendo como aliado o Jornal "O Estado MS", que publica semanalmente as receitas e moldes do programa.

(67) 99235-8944
cenariofeminino@hotmail.com

Numa tarde de outono, estava dirigindo rumo a um compromisso, quando me recordo de fazer uma ligação a uma amiga; ao mudar de faixa para estacionar e ligar, batem no meu carro. Desci nervosa e perguntei ao japonês que bateu: "De onde o senhor surgiu?!" Nesse momento, os funcionários do posto de gasolina onde pretendia estacionar falaram em coro: "A senhora é que fechou ele!" Fiquei incrédula por não ter visto o carro na pista ao lado.

Em 20 de junho de 2007, um dia antes de o meu neto nascer, fui conhecer o quarto da maternidade onde ficaria minha filha. Entrei com uma enfermeira e minha primeira pergunta foi: "Este quarto não tem ar-condicionado?" E ela respondeu: "Olhe para cima".

Estava fazendo as unhas dos pés, quando pedi à manicure para tirar a sujeira que estava embaixo das minhas unhas dos dois dedões do pé. Ela me respondeu que não havia sujeira, e sim que estavam roxos, resultado de batidas. Só depois desses sinais percebi que estava com algum problema na visão periférica. Fui diagnosticada como portadora de retinose pigmentar. Fui avaliada por diversos oftalmologistas especialistas em retina de São Paulo e uma cientista do Rio de Janeiro e todos foram unânimes em dizer que a minha doença era retinose pigmentar. Não me preocupei, pois para mim estar enxergando na área central já era suficiente. Descobri que os espelhos retrovisores laterais supriam a falta da minha visão periférica na direção. Minha vida continuou praticamente da mesma forma. Além disso, trabalhava usando o computador, cozinhava, fazia compras, cuidava dos filhos, não perdia um capítulo da novela "Caminho das Índias" e tinha minha mobilidade adaptada ao meu dia a dia.

Um dia, assistindo a novela, cuja abertura era bem colorida, vi tudo em tons de preto, branco, azul e vermelho. Eu tinha certeza que minha doença não passaria da periférica e, ao perceber que estava perdendo as cores, notei que ela estava evoluindo e depois disso foi tão rápida a evolução que em dois anos eu já não enxergava mais nada. Minha família, irmãos, tios e sobrinhos moram nos Estados Unidos há mais de 50 anos e sempre pediam para que eu fosse até lá para ser consultada por um médico da área. Tive uma indicação de um oftalmologista de Campo Grande para ser atendida por um dos maiores especialistas em retina. Após a consulta, já diagnosticada por ele como sendo retinose pigmentar, ele me fez uma última pergunta: "Desde quando você notou que estava perdendo a visão?" E respondi que há dois anos. Foi aí que tudo mudou, pois ele disse que a retinose pigmentar faz perder a visão de 7% a 10% ao ano, e eu em dois anos já estava praticamente sem visão. Nesse momento ele me indicou ao Columbia University Medical Center para ser examinada pelo M.D., Ph.D. Stephen Tsang, um dos mais renomados no mundo na área da retina.

Foi tudo tão rápido que no dia seguinte já tinha uma consulta agendada com ele. Eu sentia que tudo ia dar certo, afinal estava sendo assistida por um dos melhores médicos do mundo. Após vários exames, o diagnóstico foi alterado, passando a se chamar **retinopatia autoimune**, isto é: meu organismo rejeitava as retinas, como se fossem um corpo estranho no meu organismo. Tsang receitou alguns comprimidos e tirou amostras do meu sangue e pediu que eu voltasse em três meses.

Passados os três meses e sem melhora alguma, volto ao Columbia University Medical Center. Fiquei sabendo que meu sangue foi enviado a outro Estado, onde eram autorizados os testes em animais, sendo assim confirmada a minha doença: RETINOPATIA AUTOIMUNE. Novamente passei por diversos exames e mais sangue foi coletado. Tsang pediu para que continuasse com os mesmos medicamentos e que voltasse em três meses. Além disso, pediu que assinasse alguns documentos para que fosse autorizado o estudo de minha doença. Quando retornei pela terceira vez, ele já pôde comparar os exames sanguíneos que demonstravam que minha autoimunidade estava muito resistente e não havia acontecido melhora nenhuma. A medicação foi alterada: 400mg de Infliximab injetado por pulsoterapia a cada dois meses. Houve uma mudança considerável. Os bastonetes e os cones da área central da visão, que estavam doentes, foram recuperados. Voltei a enxergar bem melhor, mas as outras partes não foram recuperadas. Após quatro anos e meio de uso de Infliximab, a visão começou a piorar. Segundo o dr. Tsang, a célula-mãe não havia morrido e a autoimunidade voltou a atacar minha retina.

Nesse período a medicação foi alterada para a Rituximab, desta vez em dose maior, um grama a cada dois meses, num alto custo por aplicação. Por ser *off label* (não constar a retinopatia autoimune na bula) demorei alguns meses para tomar a medicação, pois tive que recorrer à Defensoria Pública. Perdi muito de minha visão nesse período todo, ficando apenas um resíduo dela, e embora o dr. Tsang tenha me receitado outros métodos e medicamentos não obtive sucesso. Pensa que minha vida mudou nesse período? NÃO. A maior força veio no primeiro dia em que eu soube que estava perdendo a visão, agradeci a Deus que era comigo e não com nenhum dos meus filhos e netos. Se estou certa ou não? Só sei que é o que me mantém forte até hoje. Acredito que esse sentimento é compartilhado por todas as mães. Além disso, tenho a sorte de ter ao meu lado o apoio do marido, filhos e netos e continuar fazendo um programa de televisão, que me mantém ativa. Como me tornei apresentadora? Isso é uma grande história...

Em 1985, eu e minha família mudamos para Campo Grande, no Mato Grosso do Sul. Mesmo nunca tendo feito TV, fui convidada por uma grande amiga em meados de 1989 para participar de seu programa, dando dicas de congelamento. Nesse mesmo ano ganhei um micro-ondas do meu marido e acompanhando os manuais havia um cartão com um vale-curso de manuseio com telefone. Liguei e soube que eles estavam à procura de uma professora, e logo me ofereci. Em dois dias, embarquei para São José dos Campos para conhecer a fábrica e toda a técnica de fabricação do micro-ondas. Além das aulas de culinária e técnicas de como aplicar o curso, tivemos aulas de Física para entender todo o funcionamento. Voltando a Campo Grande, já autorizada a ministrar cursos de micro-ondas, imediatamente transformei minha sala de visitas em uma sala de aula, conciliando o curso de micro-ondas com o meu curso de congelamento que já ministrava. Eram tantos alunos que em dois meses meu marido construiu uma escola de culinária pré-fabricada em madeira e assim começou a "Forno, Freezer & Cia". Além de congelamento e micro-ondas, outros cursos também eram ministrados, desde culinária para iniciantes, passando por alguns mais sofisticados, boas maneiras à mesa, chegando até a culinária infantil.

Em meio aos cursos da escola, recebo convites para dar aulas de culinária em vários supermercados daqui, Eldorado (Carrefour posteriormente), Comper, Rede Econômica, e Extra. Eu não conseguia acreditar, em qualquer supermercado em que eu estivesse, na porta ficavam emissoras de TV para filmar as receitas para os jornais locais. Chegando até o Jornal Hoje, da TV Globo, com uma receita de pizza doce.

Após dez anos dando aula, percebi que no curso de micro-ondas as dúvidas eram sempre as mesmas, e tive a ideia de gravar em vídeo toda a parte do manuseio e então deixar somente a culinária na prática. Coincidentemente, no dia seguinte fui à loja de uma amiga e abri o jornal numa página que indicava a produção de vídeos. Liguei imediatamente para pedir o orçamento e a pessoa disse que precisava ser pessoalmente e então a convidei para ir a minha escola de culinária. Recebi um diretor de TV e uma produtora, que se surpreenderam ao ver a dinâmica do curso e então disseram que na TV Guanandi, afiliada BAND, onde trabalhavam, estavam com horário em aberto para um novo programa. Sugeriram que eu fizesse um piloto. Marcamos a data e por mais incrível que pareça fui escolhida entre outras candidatas. Assim nasceu o programa diário "Aprendendo com Sonia", em março de 1998. Um programa cujo carro-chefe era a culinária, e teve tamanho sucesso que passou a ser exibido duas vezes ao dia.

Por querer ensinar detalhadamente, tive a ideia de colocar todas as receitas semanais em um jornal que era distribuído aos domingos, para que os telespectadores pudessem assistir o passo a passo com a receita em mãos sem perder nenhum detalhe. O que isso gerou? Um livro de receitas colecionáveis.

Após três anos de trabalho incessante no programa, que então tinha alterado o nome para "Papo na Cozinha", pois os convidados passaram a cozinhar também, tirei as minhas primeiras férias, em 17 de dezembro daquele ano, para poder viajar com minha família, e no Natal passo mal, tendo que ser internada no dia seguinte e operada. Adeus férias em família! Enfim, parei e pensei o que estava fazendo com minha vida e com minha família, era tanto trabalho que não tinha mais tempo para nada. Pedi demissão da TV. Ainda tinha a escola de culinária, administrava as oito professoras, as aulas que ministrava na própria escola e as aulas de culinária que dava nos supermercados e lojas de departamentos. E aos fins de semana era quando me dedicava ao marido e aos filhos, nos divertíamos muito.

Devido à procura, os cursos nos supermercados passaram a ser diários e GRÁTIS aos clientes, e automaticamente meus alunos da escola diminuíram, fui concorrente de mim mesma. Foi então que a decisão de fechar a escola chegou. O dever foi cumprido e a nova missão eram as aulas nos supermercados.

Os tempos mudaram e os cursos nos supermercados acabaram. As crianças já estavam maiores e então meu marido me convidou para trabalhar na empresa de nossa família. Devido a minha formação em técnica contábil, fiquei no administrativo por seis anos. Um grande amigo meu, que participou na produção dos meus programas, me visita na empresa e me conta que criou um programa exclusivamente para mim, o "Cenário Feminino", com logo e música de abertura. Fiquei lisonjeada, mas não pude aceitar, meu marido precisava de mim na empresa. Um mês se passou e começaram os primeiros sinais de minha doença... Aceitei o convite do meu amigo, já que não conseguia desenvolver meu trabalho no financeiro. Dez anos que saí da empresa... Dez anos de "Cenário Feminino"!

A vida é imprevisível! Só sentimos a nossa força quando surgem obstáculos difíceis de serem superados. É a hora que você conhece a si mesma, e só depende de nós. Temos que buscar meios para nos mantermos de pé. Um deles foi conhecer outros deficientes visuais. Aqui em Campo Grande existem alguns locais de apoio, como o ISMAC (Instituto Sul-mato-grossense para Cegos Florivaldo Vargas) e a ADVIMS (Associação dos Deficientes Visuais de Mato Grosso), por exemplo. Aprendi muito a lidar com essa deficiência e a ter uma vida normal. Uma situação importante a ser citada é que enxergo onde há luz interna, por exemplo no celular, computador, televisão... Como mostrar às pessoas que baixa visão não é o mesmo que cegueira total? Como mostrar que não via quem passa por mim no supermercado, mas usava o celular para mandar mensagens? Essa era minha dúvida e preocupação. Até que soube da existência da "BENGALA VERDE", um projeto criado em 1996 pela professora argentina Perla Mayo, que chegou em São Paulo em 2014, e aqui em Campo Grande em meados de 2016, graças ao grupo "Olhar de um Baixa Visão", que em busca da solução da mesma dúvida que eu tinha encontrou as respostas e está divulgando a bengala verde para toda a população, para que todos saibam as diferenças e possam entender que um baixa visão pode ler um livro, usar o celular, mas, ao mesmo tempo, não significa que esteja enxergando a sua volta, ou de outra forma. Ajude a divulgar a bengala verde.

Prezado leitor,

Você é a razão de esta obra existir, nada mais importante que sua opinião.

Conto com sua contribuição para melhorar ainda mais nossos livros.

Ao final da leitura acesse uma de nossas mídias sociais e deixe suas sugestões, críticas ou elogios.

WhatsApp: (11) 95967-9456
Facebook: Editora Leader
Instagram: editoraleader
Twitter: @EditoraLeader

Editora Leader.